Les Saveurs Véganes 2023

Des Recettes Saines et Délicieuses pour une Alimentation Respectueuse de l'Environnement

Camille Rousseau

Contenu

Brocoli et betterave rôtis 11
Chou-fleur et panais rôtis.. 13
Carottes et betteraves rôties... 15
Chou rôti et betterave... 17
Brocoli cuit au four à la façon du Sichuan... 19
Chou-fleur et champignons shiitake au four 21
Carottes au four épicées 23
Chou-fleur fumé au four 25
Enoki et pleurotes au four 27
Épinards rôtis et chou frisé 29
Cresson et brocoli rôtis 31
Chou rôti et chou frisé 34
Triples champignons rôtis... 36
Asperges et betteraves rôties... 38
Chou-fleur rôti et brocoli et chou.. 40
Germes de soja et chou-fleur rôti 42
Carottes rôties et patate douce 44
Chou violet rôti et brocoli 46
Pommes de terre carottes rôties au beurre et mini choux............... 49
Pommes de terre rôties, carottes et choux de Bruxelles.................. 51
Pommes de terre rôties et asperges 53

Asperges françaises au four et patates douces 55

Panais et asperges au four 57

Carottes et asperges au beurre à l'ail rôti 59

Asperges rôties au beurre de lime à l'ail 61

Panais rôtis au citron et à l'ail 63

Navets et asperges rôtis 66

Panais fumés rôtis 68

Brocoli et asperges rôtis 70

Chou-fleur et asperges thaï rôtis 72

Asperges et pommes de terre rôties au citron 74

Carottes et navets rôtis aux noisettes 76

Betteraves et asperges italiennes rôties 78

Racine de yucca et asperges rôties 80

Betteraves, navets et asperges rôtis 82

Racine de yucca et betteraves rôties 84

Pomme de terre aux noisettes grillées et patate douce 86

Chou-rave rôti et igname violette 89

Ignames et asperges rôties 91

Asperges au four et panais racines de yucca 93

Chou-rave et brocoli au four 95

Brocoli et carottes au four - style asiatique 97

Choux de Bruxelles glacés au balsamique et oignons au four 99

Chou violet et oignon rouge au four 101

Mini chou au four avec grains de poivre arc-en-ciel 104

Chou nappa rôti avec glaçage balsamique 106

Chou de Milan rôti et oignon rouge 108

Chou rouge rôti au glaçage balsamique 110

Champignons shiitake au four avec tomates cerises 113

Panais au four et champignons de Paris aux noix de macadamia
.... 115

Champignons de Paris au four avec tomates cerises et pignons de pin 117

Pommes de terre au curry au four 119

Épinards et panais au four 121

Chou rôti et patates douces 123

Cresson et carottes au four façon Sichuan 125

Navets et oignons rôtis épicés et épicés 127

carottes au curry 130

Épinards et oignons rôtis épicés 132

Patates douces et épinards rôtis 134

Navets rôtis, oignons et épinards 136

Cresson et carottes rôties au beurre végétalien 138

Brocoli et épinards au four 139

Chou-fleur et oignon rôtis fumés 140

Betteraves italiennes rôties et chou frisé 141

Cresson rôti et pommes de terre 144

Épinards rôtis aux olives 146

Épinards rôtis au piment jalapeno 148

Épinards au curry	150
Germes de haricots thaï épicés cuits au four	152
Épinards et navets épicés du Sichuan	154
Carottes et oignons au cresson thaï	156
igname rôtie et patates douces	159
Igname blanche et pommes de terre au four	161
Panais et navets hongrois	163
Épinards au four simples	165
Épinards et carottes au four d'Asie du Sud-Est	167
Kale rôti et choux de Bruxelles	169
Épinards et pommes de terre au curry	171
Curry de patates douces et chou frisé	174
Jalapeno de cresson et panais	176
Cresson et brocoli à la sauce chili à l'ail	178
Bok Choy épicé et brocoli	180
Épinards et champignons shiitake	182
Épinards et pommes de terre au pesto	184
Curry de patates douces et chou frisé	186
navets et navets sauce pesto	188
Blettes et carottes au pesto	190
Bok Choy et carottes dans une sauce chili à l'ail	191
Navets et panais cuits lentement	193
Chou frisé et brocoli cuits lentement	194
Endives et carottes mijotées au pesto	195

Laitue romaine mijotée et choux de Bruxelles 196
Endives et pommes de terre bouillies..................................197
navets et navets mijotés au beurre végétalien 199
Chou frisé et panais cuits lentement dans du beurre végétalien.201
épinards et carottes à la chinoise..202
Bok Choy et carottes bouillies...203
Micro-légumes et pommes de terre cuits lentement 204
Feuilles de chou frisé et pommes de terre cuites lentement........206
Chou violet et pommes de terre cuits lentement...............207
Chou et carottes mijotés..208
Endives mijotées au pesto 209
Navets mijotés sauce pesto 210
Bok Choy mijoté dans une sauce aux haricots jaunes......211
navets et pommes de terre cuits lentement dans une sauce au pesto..212
Girolles mijotées 214
pleurotes cuits lentement et chou frisé 215
Cèpes et navets mijotés..216
Soupe de panais français 217

Brocoli et betterave rôtis

ingrédients

1 ½ tasse de choux de Bruxelles, tranchés

1 tasse de gros morceaux de pommes de terre

1 tasse de gros morceaux de carottes

1½ dl de bouquets de brocoli

1 tasse de betteraves coupées en dés

1/2 tasse de morceaux d'oignon jaune

2 cuillères à soupe d'huile de graines de sésame

sel et poivre noir moulu au goût

Préchauffez votre four à 425 degrés F (220 degrés C).

Placez la grille au deuxième niveau le plus bas du four.

Versez un peu d'eau légèrement salée dans un bol.

Faire tremper les choux de Bruxelles dans de l'eau salée pendant 15 minutes et égoutter.

Mélanger le reste des ingrédients dans un bol.

Étalez les légumes en une seule couche sur une plaque à pâtisserie.

Cuire au four jusqu'à ce que les légumes commencent à dorer et cuire, environ 45 minutes.

Chou-fleur et panais rôtis

ingrédients

1 ½ dl de chou miniature, paré

1 tasse de gros morceaux de pommes de terre

1 tasse de gros panais, coupés en dés

1½ dl de bouquets de chou-fleur

1 tasse de betteraves coupées en dés

1/2 tasse d'oignon rouge coupé en dés

2 cuillères à soupe d'huile d'olive extra vierge

sel et poivre noir moulu au goût

Préchauffez votre four à 425 degrés F (220 degrés C).

Placez la grille au deuxième niveau le plus bas du four.

Versez un peu d'eau légèrement salée dans un bol.

Tremper le mini chou dans de l'eau salée pendant 15 minutes et égoutter.

Mélanger le reste des ingrédients dans un bol.

Étalez les légumes en une seule couche sur une plaque à pâtisserie.

Cuire au four jusqu'à ce que les légumes commencent à dorer et cuire, environ 45 minutes.

Carottes et betteraves rôties

ingrédients

1 ½ dl de chou violet, paré

1 tasse de quartiers de patates douces

1 tasse de gros morceaux de carottes

1½ dl de bouquets de chou-fleur

1 tasse de betteraves coupées en dés

1/2 tasse d'oignon rouge coupé en dés

2 cuillères à soupe d'huile d'olive extra vierge

sel et poivre noir moulu au goût

Préchauffez votre four à 425 degrés F (220 degrés C).

Placez la grille au deuxième niveau le plus bas du four.

Versez un peu d'eau légèrement salée dans un bol.

Faire tremper le chou violet dans de l'eau salée pendant 15 minutes et égoutter.

Mélanger le reste des ingrédients dans un bol.

Étalez les légumes en une seule couche sur une plaque à pâtisserie.

Cuire au four jusqu'à ce que les légumes commencent à dorer et cuire, environ 45 minutes.

Chou rôti et betterave

ingrédients

½ tasse de choux de Bruxelles, tranchés

½ tasse de chou, râpé

½ tasse de chou violet

1 tasse de gros morceaux de pommes de terre

1 tasse de gros morceaux de carottes arc-en-ciel

1½ dl de bouquets de chou-fleur

1 tasse de betteraves coupées en dés

1/2 tasse d'oignon rouge coupé en dés

2 cuillères à soupe d'huile d'olive extra vierge

sel et poivre noir moulu au goût

Préchauffez votre four à 425 degrés F (220 degrés C).

Placez la grille au deuxième niveau le plus bas du four.

Versez un peu d'eau légèrement salée dans un bol.

Faire tremper les choux de Bruxelles et les choux dans de l'eau salée pendant 15 minutes et égoutter.

Mélanger le reste des ingrédients dans un bol.

Étalez les légumes en une seule couche sur une plaque à pâtisserie.

Cuire au four jusqu'à ce que les légumes commencent à dorer et cuire, environ 45 minutes.

Brocoli cuit au four à la façon du Sichuan

ingrédients

1 ½ tasse de choux de Bruxelles, tranchés

1 tasse de bouquets de brocoli

1 tasse de gros morceaux de carottes arc-en-ciel

1½ dl de bouquets de chou-fleur

1 tasse de champignons de Paris, tranchés

1/2 tasse d'oignon rouge coupé en dés

2 cuillères à soupe d'huile de sésame

½ cuillère à café Poivre de Sichuan

sel

poivre noir moulu au goût

Préchauffez votre four à 425 degrés F (220 degrés C).

Placez la grille au deuxième niveau le plus bas du four.

Versez un peu d'eau légèrement salée dans un bol.

Faire tremper les choux de Bruxelles dans de l'eau salée pendant 15 minutes et égoutter.

Mélanger le reste des ingrédients dans un bol.

Étalez les légumes en une seule couche sur une plaque à pâtisserie.

Cuire au four jusqu'à ce que les légumes commencent à dorer et cuire, environ 45 minutes.

Chou-fleur et champignons shiitake au four

ingrédients

1 ½ dl de chou miniature, paré

1 tasse de champignons shiitake, tranchés

1 tasse de gros morceaux de carottes arc-en-ciel

1½ dl de bouquets de chou-fleur

1 tasse de champignons de Paris, tranchés

1/2 tasse d'oignon rouge coupé en dés

2 cuillères à soupe d'huile d'olive extra vierge

sel et poivre noir moulu au goût

Préchauffez votre four à 425 degrés F (220 degrés C).

Placez la grille au deuxième niveau le plus bas du four.

Versez un peu d'eau légèrement salée dans un bol.

Tremper le mini chou dans de l'eau salée pendant 15 minutes et égoutter.

Mélanger le reste des ingrédients dans un bol.

Étalez les légumes en une seule couche sur une plaque à pâtisserie.

Cuire au four jusqu'à ce que les légumes commencent à dorer et cuire, environ 45 minutes.

Carottes au four épicées

ingrédients

1 ½ tasse de choux de Bruxelles, tranchés

1 tasse de gros morceaux de pommes de terre

1 tasse de gros morceaux de carottes arc-en-ciel

1½ dl de bouquets de chou-fleur

1 tasse de betteraves coupées en dés

1/2 tasse d'oignon rouge coupé en dés

1 cc de cumin

1 cc de piment de cayenne

2 cuillères à soupe d'huile d'olive extra vierge

sel et poivre noir moulu au goût

Préchauffez votre four à 425 degrés F (220 degrés C).

Placez la grille au deuxième niveau le plus bas du four.

Versez un peu d'eau légèrement salée dans un bol.

Faire tremper les choux de Bruxelles dans de l'eau salée pendant 15 minutes et égoutter.

Mélanger le reste des ingrédients dans un bol.

Étalez les légumes en une seule couche sur une plaque à pâtisserie.

Cuire au four jusqu'à ce que les légumes commencent à dorer et cuire, environ 45 minutes.

Chou-fleur fumé au four

ingrédients

1 ½ dl de chou rouge paré

1 tasse de gros morceaux de pommes de terre

1 tasse de gros morceaux de carottes arc-en-ciel

1½ dl de bouquets de chou-fleur

1 tasse de betteraves coupées en dés

1/2 tasse d'oignon rouge coupé en dés

1 cc de cumin

1 C. graines de rocou

1 cc de paprika

1 c. de piment en poudre

2 cuillères à soupe d'huile d'olive extra vierge

sel et poivre noir moulu au goût

Préchauffez votre four à 425 degrés F (220 degrés C).

Placez la grille au deuxième niveau le plus bas du four.

Versez un peu d'eau légèrement salée dans un bol.

Faire tremper les choux de Bruxelles dans de l'eau salée pendant 15 minutes et égoutter.

Mélanger le reste des ingrédients dans un bol.

Étalez les légumes en une seule couche sur une plaque à pâtisserie.

Cuire au four jusqu'à ce que les légumes commencent à dorer et cuire, environ 45 minutes.

Enoki et pleurotes au four

ingrédients

1 ½ dl de chou miniature, paré

1 tasse de bouquets de brocoli

1 tasse de champignons enoki, tranchés

1½ dl de bouquets de chou-fleur

1 tasse de pleurotes

1/2 tasse d'oignon rouge coupé en dés

2 cuillères à soupe d'huile de colza

sel et poivre noir moulu au goût

Préchauffez votre four à 425 degrés F (220 degrés C).

Placez la grille au deuxième niveau le plus bas du four.

Versez un peu d'eau légèrement salée dans un bol.

Faire tremper les choux de Bruxelles dans de l'eau salée pendant 15 minutes et égoutter.

Mélanger le reste des ingrédients dans un bol.

Étalez les légumes en une seule couche sur une plaque à pâtisserie.

Cuire au four jusqu'à ce que les légumes commencent à dorer et cuire, environ 45 minutes.

Épinards rôtis et chou frisé

ingrédients

1 ½ tasse de choux de Bruxelles, tranchés

1 tasse d'épinards, hachés grossièrement

1 tasse de chou frisé, haché grossièrement

1½ dl de bouquets de brocoli

1 tasse de bouquets de chou-fleur

1/2 tasse d'oignon rouge coupé en dés

2 cuillères à soupe d'huile d'olive extra vierge

Sel de mer au goût

Poivre noir moulu au goût

Préchauffez votre four à 425 degrés F (220 degrés C).

Placez la grille au deuxième niveau le plus bas du four.

Versez un peu d'eau légèrement salée dans un bol.

Faire tremper les choux de Bruxelles dans de l'eau salée pendant 15 minutes et égoutter.

Mélanger le reste des ingrédients dans un bol.

Étalez les légumes en une seule couche sur une plaque à pâtisserie.

Cuire au four jusqu'à ce que les légumes commencent à dorer et cuire, environ 45 minutes.

Cresson et brocoli rôtis

ingrédients

1 ½ tasse de choux de Bruxelles, tranchés

1 tasse d'épinards, hachés grossièrement

1 tasse de cresson, haché grossièrement

1½ dl de bouquets de chou-fleur

1 tasse de bouquets de brocoli

1/2 tasse d'oignon rouge coupé en dés

2 cuillères à soupe d'huile d'olive extra vierge

Sel de mer et poivre arc-en-ciel moulu au goût

Préchauffez votre four à 425 degrés F (220 degrés C).

Placez la grille au deuxième niveau le plus bas du four.

Versez un peu d'eau légèrement salée dans un bol.

Faire tremper les choux de Bruxelles dans de l'eau salée pendant 15 minutes et égoutter.

Mélanger le reste des ingrédients dans un bol.

Étalez les légumes en une seule couche sur une plaque à pâtisserie.

Cuire au four jusqu'à ce que les légumes commencent à dorer et cuire, environ 45 minutes.

Chou rôti et chou frisé

ingrédients

1 ½ dl de chou miniature, paré

1 tasse de chou frisé, haché grossièrement

1 tasse de gros morceaux de carottes arc-en-ciel

1½ dl de bouquets de chou-fleur

1 tasse de champignons de Paris, tranchés

1/2 tasse d'oignon rouge coupé en dés

2 cuillères à soupe de beurre végétalien fondu / margarine

sel et poivre noir moulu au goût

Préchauffez votre four à 425 degrés F (220 degrés C).

Placez la grille au deuxième niveau le plus bas du four.

Versez un peu d'eau légèrement salée dans un bol.

Faire tremper les choux de Bruxelles dans de l'eau salée pendant 15 minutes et égoutter.

Mélanger le reste des ingrédients dans un bol.

Étalez les légumes en une seule couche sur une plaque à pâtisserie.

Cuire au four jusqu'à ce que les légumes commencent à dorer et cuire, environ 45 minutes.

Triples champignons rôtis

ingrédients

2 tasses de germes de soja, rincés

1 tasse de pleurotes

1 tasse de champignons de Paris, tranchés

1½ dl de champignons enoki

1/2 tasse d'oignon rouge coupé en dés

2 cuillères à soupe d'huile d'olive extra vierge

sel et poivre noir moulu au goût

Préchauffez votre four à 425 degrés F (220 degrés C).

Placez la grille au deuxième niveau le plus bas du four.

Versez un peu d'eau légèrement salée dans un bol.

Faire tremper les germes de soja dans de l'eau salée pendant 15 minutes et égoutter.

Mélanger le reste des ingrédients dans un bol.

Étalez les légumes en une seule couche sur une plaque à pâtisserie.

Cuire au four jusqu'à ce que les légumes commencent à dorer et cuire, environ 45 minutes.

Asperges et betteraves rôties

ingrédients

1 ½ dl de chou violet, paré

1 tasse de germes de soja

1 tasse de pointes d'asperges

1½ dl de bouquets de chou-fleur

1 tasse de betteraves coupées en dés

1/2 tasse d'oignon rouge coupé en dés

2 cuillères à soupe d'huile de sésame

Sel de mer et poivre noir moulu au goût

Préchauffez votre four à 425 degrés F (220 degrés C).

Placez la grille au deuxième niveau le plus bas du four.

Versez un peu d'eau légèrement salée dans un bol.

Faire tremper le chou violet dans de l'eau salée pendant 15 minutes et égoutter.

Mélanger le reste des ingrédients dans un bol.

Étalez les légumes en une seule couche sur une plaque à pâtisserie.

Cuire au four jusqu'à ce que les légumes commencent à dorer et cuire, environ 45 minutes.

Chou-fleur rôti et brocoli et chou

ingrédients

1 ½ dl de chou miniature, paré

1 tasse de germes de soja

1 tasse de gros morceaux de carottes arc-en-ciel

1½ dl de bouquets de chou-fleur

1 tasse de bouquets de brocoli

1/2 tasse d'oignon rouge coupé en dés

2 cuillères à soupe d'huile de colza

2 cuillères à soupe. Pâte d'ail au piment thaï

1 basilic thaï

sel et poivre noir moulu au goût

Préchauffez votre four à 425 degrés F (220 degrés C).

Placez la grille au deuxième niveau le plus bas du four.

Versez un peu d'eau légèrement salée dans un bol.

Tremper le mini chou dans de l'eau salée pendant 15 minutes et égoutter.

Mélanger le reste des ingrédients dans un bol.

Étalez les légumes en une seule couche sur une plaque à pâtisserie.

Cuire au four jusqu'à ce que les légumes commencent à dorer et cuire, environ 45 minutes.

Germes de soja et chou-fleur rôti

ingrédients

1 ½ dl de germes de soja, parés

1 tasse de gros morceaux de pommes de terre

1 tasse de gros morceaux de carottes

1½ dl de bouquets de chou-fleur

1 tasse de betteraves coupées en dés

1/2 tasse d'oignon rouge coupé en dés

1 c. de paprika espagnol

2 cuillères à soupe d'huile d'olive extra vierge

sel et poivre noir moulu au goût

Préchauffez votre four à 425 degrés F (220 degrés C).

Placez la grille au deuxième niveau le plus bas du four.

Versez un peu d'eau légèrement salée dans un bol.

Faire tremper les germes de soja dans de l'eau salée pendant 15 minutes et égoutter.

Mélanger le reste des ingrédients dans un bol.

Étalez les légumes en une seule couche sur une plaque à pâtisserie.

Cuire au four jusqu'à ce que les légumes commencent à dorer et cuire, environ 45 minutes.

Carottes rôties et patate douce

ingrédients

1 ½ dl de chou miniature, paré

1 tasse de gros morceaux de pommes de terre

1 tasse de gros morceaux de carottes arc-en-ciel

1 ½ tasse de quartiers de patates douces

1 tasse de panais

1/2 tasse d'oignon rouge coupé en dés

2 cuillères à soupe d'huile d'olive extra vierge

Sel de mer

Poivre arc-en-ciel au goût

Préchauffez votre four à 425 degrés F (220 degrés C).

Placez la grille au deuxième niveau le plus bas du four.

Versez un peu d'eau légèrement salée dans un bol.

Tremper le mini chou dans de l'eau salée pendant 15 minutes et égoutter.

Mélanger le reste des ingrédients dans un bol.

Étalez les légumes en une seule couche sur une plaque à pâtisserie.

Cuire au four jusqu'à ce que les légumes commencent à dorer et cuire, environ 45 minutes.

Chou violet rôti et brocoli

ingrédients

1 ½ dl de chou violet, paré

1 tasse de gros morceaux de panais

1 tasse de gros morceaux de carottes arc-en-ciel

1½ dl de bouquets de chou-fleur

1 tasse de bouquets de brocoli

1/2 tasse d'oignon rouge coupé en dés

2 cuillères à soupe d'huile de colza

sel et poivre noir moulu au goût

Préchauffez votre four à 425 degrés F (220 degrés C).

Placez la grille au deuxième niveau le plus bas du four.

Versez un peu d'eau légèrement salée dans un bol.

Faire tremper le chou violet dans de l'eau salée pendant 15 minutes et égoutter.

Mélanger le reste des ingrédients dans un bol.

Étalez les légumes en une seule couche sur une plaque à pâtisserie.

Cuire au four jusqu'à ce que les légumes commencent à dorer et cuire, environ 45 minutes.

Pommes de terre carottes rôties au beurre et mini choux

ingrédients

1 ½ dl de chou miniature, paré

1 tasse de gros morceaux de pommes de terre

1 tasse de gros morceaux de carottes

1½ dl de bouquets de chou-fleur

1 tasse de quartiers de patates douces

1/2 tasse d'oignon rouge coupé en dés

2 cuillères à soupe de beurre/margarine végétalien

Sel de mer et poivre noir moulu au goût

Préchauffez votre four à 425 degrés F (220 degrés C).

Placez la grille au deuxième niveau le plus bas du four.

Versez un peu d'eau légèrement salée dans un bol.

Tremper le mini chou dans de l'eau salée pendant 15 minutes et égoutter.

Mélanger le reste des ingrédients dans un bol.

Étalez les légumes en une seule couche sur une plaque à pâtisserie.

Cuire au four jusqu'à ce que les légumes commencent à dorer et cuire, environ 45 minutes.

Pommes de terre rôties, carottes et choux de Bruxelles

ingrédients

1 ½ tasse de choux de Bruxelles, tranchés

1 tasse de gros morceaux de pommes de terre

1 tasse de gros morceaux de carottes arc-en-ciel

1½ dl de panais

1 tasse de patate douce

¼ tasse d'ail haché

2 cuillères à soupe. jus de citron

2 cuillères à soupe de beurre/margarine végétalien

sel et poivre noir moulu au goût

Préchauffez votre four à 425 degrés F (220 degrés C).

Placez la grille au deuxième niveau le plus bas du four.

Versez un peu d'eau légèrement salée dans un bol.

Faire tremper les choux de Bruxelles dans de l'eau salée pendant 15 minutes et égoutter.

Mélanger le reste des ingrédients dans un bol.

Étalez les légumes en une seule couche sur une plaque à pâtisserie.

Cuire au four jusqu'à ce que les légumes commencent à dorer et cuire, environ 45 minutes.

Pommes de terre rôties et asperges

ingrédients

1 1/2 livres de pommes de terre, coupées en morceaux

2 cuillères à soupe d'huile d'olive extra vierge

12 gousses d'ail, tranchées finement

1 cuillère à soupe. et 1 cuillère à soupe. romarin séché

4 cuillères à café de thym séché

2 cuillères à café de sel de mer

1 botte d'asperges fraîches, parées et coupées en morceaux de 1 pouce

Préchauffez votre four à 425 degrés F.

Mélanger les 5 premiers ingrédients et la 1/2 du sel marin dans un plat allant au four.

Couvrir de papier d'aluminium.

Cuire 20 minutes au four.

Mélanger les asperges, l'huile et le sel.

Couvrir et cuire environ 15 minutes ou jusqu'à ce que les pommes de terre soient tendres.

Augmentez la température de votre four à 450 degrés F.

Retirer le papier d'aluminium et cuire 8 minutes jusqu'à ce que les pommes de terre soient légèrement dorées.

Asperges françaises au four et patates douces

ingrédients

1 1/2 livres de patates douces, coupées en morceaux

3 cuillères à soupe d'huile d'olive

12 gousses d'ail, tranchées finement

1 cuillère à soupe. et 1 cuillère à soupe. romarin séché

4 cuillères à café d'herbes de Provence

2 cuillères à café de sel de mer

1 botte d'asperges fraîches, parées et coupées en morceaux de 1 pouce

Préchauffez votre four à 425 degrés F.

Mélanger les 5 premiers ingrédients et la 1/2 du sel marin dans un plat allant au four.

Couvrir de papier d'aluminium.

Cuire 20 minutes au four.

Mélanger les asperges, l'huile et le sel.

Couvrir et cuire environ 15 minutes ou jusqu'à ce que les patates douces soient tendres.

Augmentez la température de votre four à 450 degrés F.

Retirer le papier d'aluminium et cuire 8 minutes jusqu'à ce que les pommes de terre soient légèrement dorées.

Panais et asperges au four

ingrédients

1 1/2 livres de panais, coupés en morceaux

2 cuillères à soupe d'huile d'olive extra vierge

12 gousses d'ail, tranchées finement

1 cuillère à soupe. et 1 cuillère à soupe. assaisonnement italien

4 cuillères à café de thym séché

2 cuillères à café de sel de mer

1 botte d'asperges fraîches, parées et coupées en morceaux de 1 pouce

Préchauffez votre four à 425 degrés F.

Mélanger les 5 premiers ingrédients et la 1/2 du sel marin dans un plat allant au four.

Couvrir de papier d'aluminium.

Cuire 20 minutes au four.

Mélanger les asperges, l'huile et le sel.

Couvrir et cuire environ 15 minutes ou jusqu'à ce que les panais soient tendres.

Augmentez la température de votre four à 450 degrés F.

Retirer le papier d'aluminium et cuire 8 minutes jusqu'à ce que les pommes de terre soient légèrement dorées.

Carottes et asperges au beurre à l'ail rôti

ingrédients

1 1/2 livres de carottes, coupées en morceaux

4 cuillères à soupe de beurre végétalien fondu

12 gousses d'ail, tranchées finement

1 cuillère à soupe. et 1 cuillère à soupe. romarin séché

2 cuillères à café de jus de citron

2 cuillères à café de sel de mer

1 botte d'asperges fraîches, parées et coupées en morceaux de 1 pouce

Préchauffez votre four à 425 degrés F.

Mélanger les 5 premiers ingrédients et la 1/2 du sel marin dans un plat allant au four.

Couvrir de papier d'aluminium.

Cuire 20 minutes au four.

Mélanger les asperges, l'huile et le sel.

Couvrir et cuire environ 15 minutes ou jusqu'à ce que les pommes de terre soient tendres.

Augmentez la température de votre four à 450 degrés F.

Retirer le papier d'aluminium et cuire 8 minutes jusqu'à ce que les pommes de terre soient légèrement dorées.

Asperges rôties au beurre de lime à l'ail

ingrédients

1 1/2 livres de pommes de terre, coupées en morceaux

4 cuillères à soupe de beurre/margarine végétalien

12 gousses d'ail, tranchées finement

2 cuillères à soupe. Jus de citron vert

2 cuillères à café de sel de mer

1 botte d'asperges fraîches, parées et coupées en morceaux de 1 pouce

Préchauffez votre four à 425 degrés F.

Mélanger les 5 premiers ingrédients et la 1/2 du sel marin dans un plat allant au four.

Couvrir de papier d'aluminium.

Cuire 20 minutes au four.

Mélanger les asperges, l'huile et le sel.

Couvrir et cuire environ 15 minutes ou jusqu'à ce que les pommes de terre soient tendres.

Augmentez la température de votre four à 450 degrés F.

Retirer le papier d'aluminium et cuire 8 minutes jusqu'à ce que les pommes de terre soient légèrement dorées.

Panais rôtis au citron et à l'ail

ingrédients

1 1/2 livres de panais, coupés en morceaux

6 cuillères à soupe de beurre/margarine végétalien

12 gousses d'ail, tranchées finement

2 cuillères à soupe. jus de citron

4 cuillères à café de thym séché

2 cuillères à café de sel de mer

1 botte d'asperges fraîches, parées et coupées en morceaux de 1 pouce

Préchauffez votre four à 425 degrés F.

Mélanger les 5 premiers ingrédients et la 1/2 du sel marin dans un plat allant au four.

Couvrir de papier d'aluminium.

Cuire 20 minutes au four.

Mélanger les asperges, l'huile et le sel.

Couvrir et cuire environ 15 minutes ou jusqu'à ce que les panais soient tendres.

Augmentez la température de votre four à 450 degrés F.

Retirer le papier d'aluminium et cuire 8 minutes jusqu'à ce que les pommes de terre soient légèrement dorées.

Navets et asperges rôtis

ingrédients

1 1/2 livres de navets, coupés en morceaux

2 cuillères à soupe d'huile d'olive extra vierge

12 gousses d'ail, tranchées finement

1 cuillère à soupe. romarin séché

4 cuillères à café de thym séché

2 cuillères à café de sel de mer

1 botte d'asperges fraîches, parées et coupées en morceaux de 1 pouce

Préchauffez votre four à 425 degrés F.

Mélanger les 5 premiers ingrédients et la 1/2 du sel marin dans un plat allant au four.

Couvrir de papier d'aluminium.

Cuire 20 minutes au four.

Mélanger les asperges, l'huile et le sel.

Couvrir et cuire environ 15 minutes ou jusqu'à ce que les navets soient tendres.

Augmentez la température de votre four à 450 degrés F.

Retirer le papier d'aluminium et cuire 8 minutes jusqu'à ce que les pommes de terre soient légèrement dorées.

Panais fumés rôtis

ingrédients

1 1/2 livres de panais, coupés en morceaux

4 cuillères à soupe d'huile d'olive extra vierge

12 gousses d'ail, tranchées finement

1 cuillère à soupe. paprika

1 cuillère à café de cumin

2 cuillères à café de sel de mer

1 botte d'asperges fraîches, parées et coupées en morceaux de 1 pouce

Préchauffez votre four à 425 degrés F.

Mélanger les 5 premiers ingrédients et la 1/2 du sel marin dans un plat allant au four.

Couvrir de papier d'aluminium.

Cuire 20 minutes au four.

Mélanger les asperges, l'huile et le sel.

Couvrir et cuire environ 15 minutes ou jusqu'à ce que les panais soient tendres.

Augmentez la température de votre four à 450 degrés F.

Retirer le papier d'aluminium et cuire 8 minutes jusqu'à ce que les pommes de terre soient légèrement dorées.

Brocoli et asperges rôtis

ingrédients

1 1/2 livre de brocoli, coupé en morceaux

3 cuillères à soupe d'huile d'olive extra vierge

12 gousses d'ail, tranchées finement

1 cuillère à soupe. et 1 cuillère à soupe. romarin séché

4 cuillères à café de thym séché

2 cuillères à café de sel de mer

1 botte d'asperges fraîches, parées et coupées en morceaux de 1 pouce

Préchauffez votre four à 425 degrés F.

Mélanger les 5 premiers ingrédients et la 1/2 du sel marin dans un plat allant au four.

Couvrir de papier d'aluminium.

Cuire 20 minutes au four.

Mélanger les asperges, l'huile et le sel.

Couvrir et cuire environ 15 minutes ou jusqu'à ce que le brocoli soit tendre.

Augmentez la température de votre four à 450 degrés F.

Retirer le papier d'aluminium et cuire 8 minutes jusqu'à ce que les pommes de terre soient légèrement dorées.

Chou-fleur et asperges thaï rôtis

ingrédients

1 1/2 livres de chou-fleur, coupé en morceaux

2 cuillères à soupe d'huile de graines de sésame

10 gousses d'ail, tranchées finement

1 cuillère à soupe. Pâte d'ail au piment thaï

2 cuillères à café de basilic thaï frais haché

2 cuillères à café de sel de mer

1 botte d'asperges fraîches, parées et coupées en morceaux de 1 pouce

Préchauffez votre four à 425 degrés F.

Mélanger les 5 premiers ingrédients et la 1/2 du sel marin dans un plat allant au four.

Couvrir de papier d'aluminium.

Cuire 20 minutes au four.

Mélanger les asperges, l'huile et le sel.

Couvrir et cuire environ 15 minutes ou jusqu'à ce que le chou-fleur soit tendre.

Augmentez la température de votre four à 450 degrés F.

Retirer le papier d'aluminium et cuire 8 minutes jusqu'à ce que les pommes de terre soient légèrement dorées.

Asperges et pommes de terre rôties au citron

ingrédients

1 1/2 livres de pommes de terre, coupées en morceaux

2 cuillères à soupe de beurre végétalien ou de margarine

12 gousses d'ail, tranchées finement

1 cuillère à soupe. jus de citron

1 C. graines de rocou

2 cuillères à café de sel de mer

1 botte d'asperges fraîches, parées et coupées en morceaux de 1 pouce

Préchauffez votre four à 425 degrés F.

Mélanger les 5 premiers ingrédients et la 1/2 du sel marin dans un plat allant au four.

Couvrir de papier d'aluminium.

Cuire 20 minutes au four.

Mélanger les asperges, l'huile et le sel.

Couvrir et cuire environ 15 minutes ou jusqu'à ce que les pommes de terre soient tendres.

Augmentez la température de votre four à 450 degrés F.

Retirer le papier d'aluminium et cuire 8 minutes jusqu'à ce que les pommes de terre soient légèrement dorées.

Carottes et navets rôtis aux noisettes

ingrédients

1/2 livre de navets, coupés en morceaux

½ livre de carottes, coupées en morceaux

½ livre de pommes de terre, coupées en morceaux

2 cuillères à soupe d'huile de sésame

10 gousses d'ail, tranchées finement

1 c. 5 épices chinoises en poudre

2 cuillères à café de sel de mer

1 botte d'asperges fraîches, parées et coupées en morceaux de 1 pouce

Préchauffez votre four à 425 degrés F.

Mélanger les 6 premiers ingrédients et la 1/2 du sel marin dans un plat allant au four.

Couvrir de papier d'aluminium.

Cuire 20 minutes au four.

Mélanger les asperges, l'huile et le sel.

Couvrir et cuire environ 15 minutes ou jusqu'à ce que les pommes de terre soient tendres.

Augmentez la température de votre four à 450 degrés F.

Retirer le papier d'aluminium et cuire 8 minutes jusqu'à ce que les pommes de terre soient légèrement dorées.

Betteraves et asperges italiennes rôties

ingrédients

1 1/2 livres de betteraves, coupées en morceaux

2 cuillères à soupe d'huile d'olive extra vierge

12 gousses d'ail, tranchées finement

1 C. assaisonnement italien

4 cuillères à café de thym séché

2 cuillères à café de sel de mer

1 botte d'asperges fraîches, parées et coupées en morceaux de 1 pouce

Préchauffez votre four à 425 degrés F.

Mélanger les 5 premiers ingrédients et la 1/2 du sel marin dans un plat allant au four.

Couvrir de papier d'aluminium.

Cuire 20 minutes au four.

Mélanger les asperges, l'huile et le sel.

Couvrir et cuire environ 15 minutes ou jusqu'à ce que les betteraves soient tendres.

Augmentez la température de votre four à 450 degrés F.

Retirer le papier d'aluminium et cuire 8 minutes jusqu'à ce que les pommes de terre soient légèrement dorées.

Racine de yucca et asperges rôties

ingrédients

½ livre de racine de yucca, coupée en morceaux

1/2 livre de pommes de terre, coupées en morceaux

2 cuillères à soupe d'huile d'olive extra vierge

12 gousses d'ail, tranchées finement

4 cuillères à café d'herbes de Provence

2 cuillères à café de sel de mer

1 botte d'asperges fraîches, parées et coupées en morceaux de 1 pouce

Préchauffez votre four à 425 degrés F.

Mélanger les 6 premiers ingrédients et la 1/2 du sel marin dans un plat allant au four.

Couvrir de papier d'aluminium.

Cuire 20 minutes au four.

Mélanger les asperges, l'huile et le sel.

Couvrir et cuire environ 15 minutes ou jusqu'à ce que les pommes de terre et la racine de yucca soient tendres.

Augmentez la température de votre four à 450 degrés F.

Retirer le papier d'aluminium et cuire 8 minutes jusqu'à ce que les pommes de terre soient légèrement dorées.

Betteraves, navets et asperges rôtis

ingrédients

1/2 livre de carottes, coupées en morceaux

½ livre de betteraves, coupées en dés

½ livre de navets, coupés en morceaux

2 cuillères à soupe d'huile d'olive extra vierge

12 gousses d'ail, tranchées finement

1 cuillère à soupe. et 1 cuillère à soupe. romarin séché

4 cuillères à café de thym séché

2 cuillères à café de sel de mer

1 botte d'asperges fraîches, parées et coupées en morceaux de 1 pouce

Préchauffez votre four à 425 degrés F.

Mélanger les 7 premiers ingrédients et la 1/2 du sel de mer dans un plat allant au four.

Couvrir de papier d'aluminium.

Cuire 20 minutes au four.

Mélanger les asperges, l'huile et le sel.

Couvrir et cuire environ 15 minutes ou jusqu'à ce que les légumes-racines soient tendres.

Augmentez la température de votre four à 450 degrés F.

Retirer le papier d'aluminium et cuire 8 minutes jusqu'à ce que les pommes de terre soient légèrement dorées.

Racine de yucca et betteraves rôties

ingrédients

1/2 livre de betteraves hachées

½ livre de racine de yucca, coupée en morceaux

½ livre de navets, coupés en morceaux

2 cuillères à soupe d'huile d'olive extra vierge

12 gousses d'ail, tranchées finement

1 cuillère à soupe. et 1 cuillère à soupe. romarin séché

4 cuillères à café de thym séché

2 cuillères à café de sel de mer

1 botte d'asperges fraîches, parées et coupées en morceaux de 1 pouce

Préchauffez votre four à 425 degrés F.

Mélanger les 7 premiers ingrédients et la 1/2 du sel de mer dans un plat allant au four.

Couvrir de papier d'aluminium.

Cuire 20 minutes au four.

Mélanger les asperges, l'huile et le sel.

Couvrir et cuire environ 15 minutes ou jusqu'à ce que les légumes-racines soient tendres.

Augmentez la température de votre four à 450 degrés F.

Retirer le papier d'aluminium et cuire 8 minutes jusqu'à ce que les pommes de terre soient légèrement dorées.

Pomme de terre aux noisettes grillées et patate douce

ingrédients

1/2 livre de pommes de terre, coupées en morceaux

½ livre de patates douces, coupées en morceaux

2 cuillères à soupe d'huile de noix de macadamia

12 gousses d'ail, tranchées finement

1 cuillère à soupe. et 1 cuillère à soupe. Herbes de Provence

2 cuillères à café de sel de mer

1 botte d'asperges fraîches, parées et coupées en morceaux de 1 pouce

Préchauffez votre four à 425 degrés F.

Mélanger les 6 premiers ingrédients et la 1/2 du sel marin dans un plat allant au four.

Couvrir de papier d'aluminium.

Cuire 20 minutes au four.

Mélanger les asperges, l'huile et le sel.

Couvrir et cuire environ 15 minutes ou jusqu'à ce que les légumes-racines soient tendres.

Augmentez la température de votre four à 450 degrés F.

Retirer le papier d'aluminium et cuire 8 minutes jusqu'à ce que les pommes de terre soient légèrement dorées.

Chou-rave rôti et igname violette

ingrédients

1/2 livre de pommes de terre, coupées en morceaux

½ livre de chou-rave, coupé en morceaux

½ livre d'igname violette, coupée en morceaux

2 cuillères à soupe d'huile d'olive extra vierge

12 gousses d'ail, tranchées finement

1 cuillère à soupe. et 1 cuillère à soupe. romarin séché

4 cuillères à café de thym séché

2 cuillères à café de sel de mer

1 botte d'asperges fraîches, parées et coupées en morceaux de 1 pouce

Préchauffez votre four à 425 degrés F.

Mélanger les 7 premiers ingrédients et la 1/2 du sel de mer dans un plat allant au four.

Couvrir de papier d'aluminium.

Cuire 20 minutes au four.

Mélanger les asperges, l'huile et le sel.

Couvrir et cuire environ 15 minutes ou jusqu'à ce que les légumes-racines soient tendres.

Augmentez la température de votre four à 450 degrés F.

Retirer le papier d'aluminium et cuire 8 minutes jusqu'à ce que les pommes de terre soient légèrement dorées.

Ignames et asperges rôties

ingrédients

1/2 livre de pommes de terre, coupées en morceaux

½ livre d'igname blanche, coupée en morceaux

½ livre de patate douce

2 cuillères à soupe d'huile d'olive de colza

12 gousses d'ail, tranchées finement

2 cuillères à soupe. assaisonnement italien

2 cuillères à café de sel de mer

1 botte d'asperges fraîches, parées et coupées en morceaux de 1 pouce

Préchauffez votre four à 425 degrés F.

Mélanger les 6 premiers ingrédients et la 1/2 du sel marin dans un plat allant au four.

Couvrir de papier d'aluminium.

Cuire 20 minutes au four.

Mélanger les asperges, l'huile et le sel.

Couvrir et cuire environ 15 minutes ou jusqu'à ce que les légumes-racines soient tendres.

Augmentez la température de votre four à 450 degrés F.

Retirer le papier d'aluminium et cuire 8 minutes jusqu'à ce que les pommes de terre soient légèrement dorées.

Asperges au four et panais racines de yucca

ingrédients

1 livre de carottes, coupées en morceaux

½ livre de panais, coupés en morceaux

½ livre de racine de yucca

2 cuillères à soupe d'huile d'olive extra vierge

12 gousses d'ail, tranchées finement

1 cuillère à soupe. et 1 cuillère à soupe. romarin séché

4 cuillères à café de thym séché

2 cuillères à café de sel de mer

1 botte d'asperges fraîches, parées et coupées en morceaux de 1 pouce

Préchauffez votre four à 425 degrés F.

Mélanger les 7 premiers ingrédients et la 1/2 du sel de mer dans un plat allant au four.

Couvrir de papier d'aluminium.

Cuire 20 minutes au four.

Mélanger les asperges, l'huile d'olive et le sel.

Couvrir et cuire environ 15 minutes ou jusqu'à ce que les légumes-racines soient tendres.

Augmentez la température de votre four à 450 degrés F.

Retirer le papier d'aluminium et cuire 8 minutes jusqu'à ce que les pommes de terre soient légèrement dorées.

Chou-rave et brocoli au four

ingrédients

1/2 livre de chou-rave, coupé en morceaux

½ livre de carottes, coupées en morceaux

½ livre de brocoli

2 cuillères à soupe d'huile d'olive extra vierge

12 gousses d'ail, tranchées finement

1 cuillère à soupe. et 1 cuillère à soupe. romarin séché

4 cuillères à café de thym séché

2 cuillères à café de sel de mer

1 botte d'asperges fraîches, parées et coupées en morceaux de 1 pouce

Préchauffez votre four à 425 degrés F.

Mélanger les 7 premiers ingrédients et la 1/2 du sel de mer dans un plat allant au four.

Couvrir de papier d'aluminium.

Cuire 20 minutes au four.

Mélanger les asperges, l'huile d'olive et le sel.

Couvrir et cuire environ 15 minutes ou jusqu'à ce que les légumes-racines soient tendres.

Augmentez la température de votre four à 450 degrés F.

Retirer le papier d'aluminium et cuire 8 minutes jusqu'à ce que les pommes de terre soient légèrement dorées.

Brocoli et carottes au four - style asiatique

ingrédients

½ livre de carottes, coupées en morceaux

½ livre de brocoli, coupé en morceaux

½ livre de chou-fleur, coupé en morceaux

2 cuillères à soupe d'huile de sésame

12 gousses d'ail, tranchées finement

1 cuillère à soupe. et 1 cuillère à soupe. gingembre haché

4 cuillères à café d'oignons nouveaux

2 cuillères à café de sel de mer

1 botte d'asperges fraîches, parées et coupées en morceaux de 1 pouce

Préchauffez votre four à 425 degrés F.

Mélanger les 7 premiers ingrédients et la 1/2 du sel de mer dans un plat allant au four.

Couvrir de papier d'aluminium.

Cuire 20 minutes au four.

Mélanger les asperges, l'huile d'olive et le sel.

Couvrir et cuire environ 15 minutes ou jusqu'à ce que les pommes de terre soient tendres.

Augmentez la température de votre four à 450 degrés F.

Retirer le papier d'aluminium et cuire 8 minutes jusqu'à ce que les pommes de terre soient légèrement dorées.

Choux de Bruxelles glacés au balsamique et oignons au four

ingrédients

1 paquet (16 onces) de choux de Bruxelles frais

2 petits oignons rouges, tranchés finement

¼ tasse et 1 c. huile d'olive extra vierge, divisée

1/4 cuillère à café de sel de mer

1/4 cuillère à café de grains de poivre arc-en-ciel

1 échalote, hachée

1/4 tasse de vinaigre balsamique

1 cuillère à soupe de romarin frais haché

Préchauffez votre four à 425 degrés F (220 degrés C).

Beurrez un plat qui doit passer au four.

Mettre les choux de Bruxelles et l'oignon ensemble dans un bol

Ajouter 4 cuillères à soupe d'huile d'olive, du sel et des grains de poivre

Mélanger pour enrober et étaler le mélange de germes sur la poêle.

Cuire jusqu'à ce que le chou et l'oignon soient tendres, environ 25 à 30 minutes.

Chauffer la cuillère à soupe d'huile d'olive restante dans une petite poêle à feu moyen-vif

Faire sauter les échalotes jusqu'à ce qu'elles soient tendres, environ 5 minutes.

Ajouter le vinaigre balsamique et cuire jusqu'à ce que le glaçage soit réduit, environ 5 minutes.

Ajouter le romarin au glaçage balsamique et verser sur les germes.

Chou violet et oignon rouge au four

ingrédients

1 paquet (16 onces) de chou violet frais, coupé en quartiers

2 petits oignons rouges, tranchés finement

¼ tasse et 1 c. huile d'olive extra vierge, divisée

1/4 cuillère à café de sel de mer

1/4 cuillère à café de poivre noir moulu

1 échalote, hachée

1/4 tasse de vinaigre de vin rouge

1 cuillère à soupe de romarin frais haché

Préchauffez votre four à 425 degrés F (220 degrés C).

Beurrez un plat qui doit passer au four.

Mélanger le chou et l'oignon dans un bol

Ajouter 4 cuillères à soupe d'huile d'olive, du sel et des grains de poivre

Mélanger pour enrober et étaler le mélange de germes sur la poêle.

Cuire jusqu'à ce que le chou et l'oignon soient tendres, environ 25 à 30 minutes.

Chauffer la cuillère à soupe d'huile d'olive restante dans une petite poêle à feu moyen-vif

Faire sauter les échalotes jusqu'à ce qu'elles soient tendres, environ 5 minutes.

Ajouter le vinaigre et cuire jusqu'à ce que le glaçage soit réduit, environ 5 minutes.

Ajouter le romarin au glaçage balsamique et verser sur les germes.

Mini chou au four avec grains de poivre arc-en-ciel

ingrédients

1 paquet (16 onces) de chou frais

2 petits oignons rouges, tranchés finement

¼ tasse et 1 c. huile d'olive extra vierge, divisée

1/4 cuillère à café de sel de mer

1/4 cuillère à café de grains de poivre arc-en-ciel

1 échalote, hachée

1/4 tasse de vinaigre balsamique

1 C. Herbes de Provence

Préchauffez votre four à 425 degrés F (220 degrés C).

Beurrez un plat qui doit passer au four.

Mélanger le chou et l'oignon dans un bol

Ajouter 4 cuillères à soupe d'huile d'olive, du sel et des grains de poivre

Mélanger pour enrober et étaler le mélange de germes sur la poêle.

Cuire jusqu'à ce que le chou et l'oignon soient tendres, environ 25 à 30 minutes.

Chauffer la cuillère à soupe d'huile d'olive restante dans une petite poêle à feu moyen-vif

Faire sauter les échalotes jusqu'à ce qu'elles soient tendres, environ 5 minutes.

Ajouter le vinaigre balsamique et cuire jusqu'à ce que le glaçage soit réduit, environ 5 minutes.

Ajouter les herbes de Provence au glaçage balsamique et verser sur les pousses.

Chou nappa rôti avec glaçage balsamique

ingrédients

1 paquet (16 onces) de chou Napa frais

2 petits oignons rouges, tranchés finement

¼ tasse et 1 c. huile d'olive extra vierge, divisée

1/4 cuillère à café de sel de mer

1/4 cuillère à café de grains de poivre arc-en-ciel

1 échalote, hachée

1/4 tasse de vinaigre balsamique

1 C. assaisonnement italien

Préchauffez votre four à 425 degrés F (220 degrés C).

Beurrez un plat qui doit passer au four.

Mélanger le chou et l'oignon dans un bol

Ajouter 4 cuillères à soupe d'huile d'olive, du sel et des grains de poivre

Mélanger pour enrober et étaler le mélange de germes sur la poêle.

Cuire jusqu'à ce que le chou et l'oignon soient tendres, environ 25 à 30 minutes.

Chauffer la cuillère à soupe d'huile d'olive restante dans une petite poêle à feu moyen-vif

Faire sauter les échalotes jusqu'à ce qu'elles soient tendres, environ 5 minutes.

Ajouter le vinaigre balsamique et cuire jusqu'à ce que le glaçage soit réduit, environ 5 minutes.

Ajouter l'assaisonnement italien au glaçage balsamique et verser sur les pousses.

Chou de Milan rôti et oignon rouge

ingrédients

1 paquet (16 onces) de chou de Milan frais

2 petits oignons rouges, tranchés finement

¼ tasse et 1 c. huile d'olive extra vierge, divisée

1/4 cuillère à café de sel de mer

1/4 cuillère à café de grains de poivre noir

1 échalote, hachée

1/4 tasse de vinaigre de vin blanc

1 cuillère à soupe de romarin frais haché

Préchauffez votre four à 425 degrés F (220 degrés C).

Beurrez un plat qui doit passer au four.

Mélanger le chou et l'oignon dans un bol

Ajouter 4 cuillères à soupe d'huile d'olive, du sel et des grains de poivre

Mélanger pour enrober et étaler le mélange de germes sur la poêle.

Cuire jusqu'à ce que le chou et l'oignon soient tendres, environ 25 à 30 minutes.

Chauffer la cuillère à soupe d'huile d'olive restante dans une petite poêle à feu moyen-vif

Faire sauter les échalotes jusqu'à ce qu'elles soient tendres, environ 5 minutes.

Ajouter le vinaigre de vin blanc et cuire jusqu'à ce que le glaçage soit réduit, environ 5 minutes.

Ajouter le romarin au glaçage balsamique et verser sur les germes.

Chou rouge rôti au glaçage balsamique

ingrédients

1 paquet (16 onces) de chou rouge frais

2 petits oignons rouges, tranchés finement

¼ tasse et 1 c. huile d'olive extra vierge, divisée

1/4 cuillère à café de sel de mer

1/4 cuillère à café de grains de poivre arc-en-ciel

1 échalote, hachée

1/4 tasse de vinaigre balsamique

1 cuillère à soupe de thym frais haché

Préchauffez votre four à 425 degrés F (220 degrés C).

Beurrez un plat qui doit passer au four.

Mélanger le chou et l'oignon dans un bol

Ajouter 4 cuillères à soupe d'huile d'olive, du sel et des grains de poivre

Mélanger pour enrober et étaler le mélange de germes sur la poêle.

Cuire jusqu'à ce que le chou et l'oignon soient tendres, environ 25 à 30 minutes.

Chauffer la cuillère à soupe d'huile d'olive restante dans une petite poêle à feu moyen-vif

Faire sauter les échalotes jusqu'à ce qu'elles soient tendres, environ 5 minutes.

Ajouter le vinaigre balsamique et cuire jusqu'à ce que le glaçage soit réduit, environ 5 minutes.

Ajouter le thym au glaçage balsamique et verser sur les pousses.

Champignons shiitake au four avec tomates cerises

ingrédients

1 livre de navets, coupés en deux

2 cuillères à soupe d'huile d'olive extra vierge

1/2 livre de champignons shiitake

8 gousses d'ail non pelées

3 cuillères à soupe d'huile de sésame

sel de mer et poivre noir moulu au goût

1/4 livre de tomates cerises

3 cuillères à soupe de noix de cajou grillées

1/4 livre d'épinards, tranchés finement

Préchauffez votre four à 425 degrés F.

Répartir les pommes de terre dans une casserole

Arroser de 2 cuillères à soupe d'huile et faire rôtir 15 minutes en retournant une fois.

Ajouter les champignons côté pied vers le haut

Ajouter les gousses d'ail dans la poêle et cuire jusqu'à ce qu'elles soient légèrement dorées

Arroser d'1 cuillère à soupe d'huile de sésame et assaisonner de sel marin et de poivre noir.

Remettre au four et rôtir 5 minutes.

Ajouter les tomates cerises dans la poêle.

Remettre au four et cuire jusqu'à ce que les champignons soient tendres, 5 min.

Saupoudrer les noix de cajou sur les pommes de terre et les champignons.

Servir avec des épinards.

Panais au four et champignons de Paris aux noix de macadamia

ingrédients

1 livre de panais, coupés en deux

2 cuillères à soupe d'huile d'olive extra vierge

1/2 livre de champignons de Paris

8 gousses d'ail non pelées

2 cuillères à soupe de thym frais haché

1 cuillère à soupe d'huile d'olive extra vierge

sel de mer et poivre noir moulu au goût

1/4 livre de tomates cerises

3 cuillères à soupe de noix de macadamia grillées

1/4 livre d'épinards, tranchés finement

Préchauffez votre four à 425 degrés F.

Répartir les panais dans une casserole

Arroser de 2 cuillères à soupe d'huile d'olive et faire rôtir 15 minutes en retournant une fois.

Ajouter les champignons côté pied vers le haut

Ajouter les gousses d'ail dans la poêle et cuire jusqu'à ce qu'elles soient légèrement dorées

Saupoudrer de thym.

Arroser d'1 cuillère à soupe d'huile d'olive et assaisonner de sel marin et de poivre noir.

Remettre au four et rôtir 5 minutes.

Ajouter les tomates cerises dans la poêle.

Remettre au four et cuire jusqu'à ce que les champignons soient tendres, 5 min.

Saupoudrer les noix de macadamia sur les pommes de terre et les champignons.

Servir avec des épinards.

Champignons de Paris au four avec tomates cerises et pignons de pin

ingrédients

1 livre de pommes de terre, coupées en deux

2 cuillères à soupe d'huile d'olive extra vierge

1/2 livre de champignons de Paris

8 gousses d'ail non pelées

2 cuillères à soupe. cumin

1 C. graines de rocou

½ cuillère à café poivre de Cayenne

1 cuillère à soupe d'huile d'olive extra vierge

sel de mer et poivre noir moulu au goût

1/4 livre de tomates cerises

3 cuillères à soupe de pignons de pin grillés

1/4 livre d'épinards, tranchés finement

Préchauffez votre four à 425 degrés F.

Répartir les pommes de terre dans une casserole

Arroser de 2 cuillères à soupe d'huile d'olive et faire rôtir 15 minutes en retournant une fois.

Ajouter les champignons côté pied vers le haut

Ajouter les gousses d'ail dans la poêle et cuire jusqu'à ce qu'elles soient légèrement dorées

Saupoudrer de cumin, de poivre de Cayenne et de graines de rocou.

Arroser d'1 cuillère à soupe d'huile d'olive et assaisonner de sel marin et de poivre noir.

Remettre au four et rôtir 5 minutes.

Ajouter les tomates cerises dans la poêle.

Remettre au four et cuire jusqu'à ce que les champignons soient tendres, 5 min.

Saupoudrer les pignons de pin sur les pommes de terre et les champignons.

Servir avec des épinards.

Pommes de terre au curry au four

INGRÉDIENTS

1 ½ livre de pommes de terre, pelées et coupées en morceaux de 1 pouce

½ oignon, tranché finement

tasse d'eau

½ cube de bouillon de légumes, émietté

1 cuillère à soupe. Huile d'olive vierge extra

½ cuillère à café de cumin

½ cuillère à café de coriandre moulue

½ cuillère à café de garam masala

½ cuillère à café de piment en poudre

Poivre noir

½ livre d'épinards frais, hachés grossièrement

Mettre tous les ingrédients dans une mijoteuse sauf le dernier.

Garnir de poignées d'épinards et en remplir la mijoteuse.

Si vous n'arrivez pas à tout assembler, laissez d'abord cuire le premier lot et ajoutez un peu plus d'épinards.

Cuire 3 ou 4 heures à feu moyen jusqu'à ce que les pommes de terre soient tendres.

Racler les côtés et servir.

Épinards et panais au four

INGRÉDIENTS

1 ½ livre de panais, pelés et coupés en morceaux de 1 pouce

½ oignon rouge, tranché finement

tasse d'eau

½ cube de bouillon de légumes, émietté

1 cuillère à soupe. Huile d'olive vierge extra

½ cuillère à café de cumin

½ cuillère à café de graines de rocou

½ cuillère à café de poivre de Cayenne

½ cuillère à café de piment en poudre

Poivre noir

½ livre d'épinards frais, hachés grossièrement

Mettre tous les ingrédients dans une mijoteuse sauf le dernier.

Garnir de poignées d'épinards et en remplir la mijoteuse.

Si vous n'arrivez pas à tout assembler, laissez d'abord cuire le premier lot et ajoutez un peu plus d'épinards.

Cuire 3 ou 4 heures à feu moyen jusqu'à ce que les pommes de terre soient tendres.

Racler les côtés et servir.

Chou rôti et patates douces

INGRÉDIENTS

1 ½ livre de patates douces, pelées et coupées en morceaux de 1 pouce

½ oignon, tranché finement

tasse d'eau

½ cube de bouillon de légumes, émietté

1 cuillère à soupe. Huile d'olive vierge extra

½ cuillère à café de cumin

½ cuillère à café de piment jalapeno, haché

½ cuillère à café de paprika

½ cuillère à café de piment en poudre

Poivre noir

½ livre de chou frisé frais, haché grossièrement

Mettre tous les ingrédients dans une mijoteuse sauf le dernier.

Garnir de poignées de chou frisé et en remplir la mijoteuse.

Si vous ne pouvez pas tout assembler, laissez le premier lot cuire en premier et ajoutez un peu plus de chou frisé.

Cuire 3 ou 4 heures à feu moyen jusqu'à ce que les pommes de terre soient tendres.

Racler les côtés et servir.

Cresson et carottes au four façon Sichuan

INGRÉDIENTS

1 ½ livre de carottes, pelées et coupées en morceaux de 1 pouce

½ oignon rouge, tranché finement

tasse d'eau

½ cube de bouillon de légumes, émietté

1 cuillère à soupe. huile de sésame

½ cuillère à café de poudre de 5 épices chinoises

½ cuillère à café de poivre de Sichuan

½ cuillère à café de piment en poudre

Poivre noir

½ livre de cresson frais, haché grossièrement

Mettre tous les ingrédients dans une mijoteuse sauf le dernier.

Garnir de quelques poignées de cresson et en remplir la mijoteuse.

Si vous n'arrivez pas à tout assembler, laissez d'abord cuire le premier lot et ajoutez un peu plus de cresson.

Cuire 3 ou 4 heures à feu moyen jusqu'à ce que les carottes soient tendres.

Racler les côtés et servir.

Navets et oignons rôtis épicés et épicés

INGRÉDIENTS

1 ½ livre de navets, pelés et coupés en morceaux de 1 pouce

½ oignon, tranché finement

tasse d'eau

½ cube de bouillon de légumes, émietté

1 cuillère à soupe. Huile d'olive vierge extra

½ cuillère à café de cumin

½ cuillère à café de graines de rocou

½ cuillère à café de poivre de Cayenne

½ cuillère à café de jus de citron vert

Poivre noir

½ livre d'épinards frais, hachés grossièrement

Mettre tous les ingrédients dans une mijoteuse sauf le dernier.

Garnir de poignées d'épinards et en remplir la mijoteuse.

Si vous n'arrivez pas à tout assembler, laissez d'abord cuire le premier lot et ajoutez un peu plus d'épinards.

Cuire 3 ou 4 heures à feu moyen jusqu'à ce que les légumes racines soient tendres.

Racler les côtés et servir.

carottes au curry

INGRÉDIENTS

1 ½ livre de carottes, pelées et coupées en morceaux de 1 pouce

½ oignon, tranché finement

tasse d'eau

½ cube de bouillon de légumes, émietté

1 cuillère à soupe. Huile d'olive vierge extra

½ cuillère à café de cumin

½ cuillère à café de coriandre moulue

½ cuillère à café de garam masala

½ cuillère à café de piment en poudre

Poivre noir

½ livre de chou frisé frais, haché grossièrement

Mettre tous les ingrédients dans une mijoteuse sauf le dernier.

Garnir de poignées de chou frisé et en remplir la mijoteuse.

Si vous ne pouvez pas tout assembler, laissez le premier lot cuire en premier et ajoutez un peu plus de chou frisé.

Cuire 3 ou 4 heures à feu moyen jusqu'à ce que les légumes racines soient tendres.

Racler les côtés et servir.

Épinards et oignons rôtis épicés

INGRÉDIENTS

1 ½ livre de carottes, pelées et coupées en morceaux de 1 pouce

½ oignon, tranché finement

tasse d'eau

½ cube de bouillon de légumes, émietté

1 cuillère à soupe. Huile d'olive vierge extra

½ cuillère à café de cumin

½ cuillère à café de graines de rocou

½ cuillère à café de poivre de Cayenne

½ cuillère à café de jus de citron vert

Poivre noir

½ livre d'épinards frais, hachés grossièrement

Mettre tous les ingrédients dans une mijoteuse sauf le dernier.

Garnir de poignées d'épinards et en remplir la mijoteuse.

Si vous n'arrivez pas à tout assembler, laissez d'abord cuire le premier lot et ajoutez un peu plus d'épinards.

Cuire 3 ou 4 heures à feu moyen jusqu'à ce que les légumes racines soient tendres.

Racler les côtés et servir.

Patates douces et épinards rôtis

INGRÉDIENTS

1 ½ livre de patates douces, pelées et coupées en morceaux de 1 pouce

½ oignon, tranché finement

tasse d'eau

½ cube de bouillon de légumes, émietté

2 cuillères à soupe. beurre ou margarine végétalien

½ cuillère à café d'herbes de Provence

½ cuillère à café de thym

½ cuillère à café de piment en poudre

Poivre noir

½ livre d'épinards frais, hachés grossièrement

Mettre tous les ingrédients dans une mijoteuse sauf le dernier.

Garnir de poignées d'épinards et en remplir la mijoteuse.

Si vous n'arrivez pas à tout assembler, laissez d'abord cuire le premier lot et ajoutez un peu plus d'épinards.

Cuire 3 ou 4 heures à feu moyen jusqu'à ce que les pommes de terre soient tendres.

Racler les côtés et servir.

Navets rôtis, oignons et épinards

INGRÉDIENTS

1 ½ livre de navets, pelés et coupés en morceaux de 1 pouce

½ oignon, tranché finement

tasse d'eau

½ cube de bouillon de légumes, émietté

1 cuillère à soupe. Huile d'olive vierge extra

2 cuillères à soupe. ail haché

½ cuillère à café de jus de citron vert

½ cuillère à café de piment en poudre

Poivre noir

½ livre d'épinards frais, hachés grossièrement

Mettre tous les ingrédients dans une mijoteuse sauf le dernier.

Garnir de poignées d'épinards et en remplir la mijoteuse.

Si vous n'arrivez pas à tout assembler, laissez d'abord cuire le premier lot et ajoutez un peu plus d'épinards.

Cuire 3 ou 4 heures à feu moyen jusqu'à ce que les navets soient tendres.

Racler les côtés et servir.

Cresson et carottes rôties au beurre végétalien

INGRÉDIENTS

1 ½ livre de carottes, pelées et coupées en morceaux de 1 pouce

½ oignon, tranché finement

tasse d'eau

½ cube de bouillon de légumes, émietté

1 cuillère à soupe. beurre/margarine végétalien

1 cuillère à café d'ail, haché

½ cuillère à café de jus de citron

Poivre noir

½ livre de cresson frais, haché grossièrement

Mettre tous les ingrédients dans une mijoteuse sauf le dernier.

Garnir de quelques poignées de cresson et en remplir la mijoteuse.

Si vous n'arrivez pas à tout assembler, laissez d'abord cuire le premier lot et ajoutez un peu plus de cresson.

Cuire 3 ou 4 heures à feu moyen jusqu'à ce que les carottes soient tendres.

Racler les côtés et servir.

Brocoli et épinards au four

INGRÉDIENTS

1½ livre de bouquets de brocoli

½ oignon, tranché finement

tasse d'eau

½ cube de bouillon de légumes, émietté

1 cuillère à soupe. Huile d'olive vierge extra

½ cuillère à café de cumin

½ cuillère à café de piment en poudre

Poivre noir

½ livre d'épinards frais, hachés grossièrement

Mettre tous les ingrédients dans une mijoteuse sauf le dernier.

Garnir de poignées d'épinards et en remplir la mijoteuse.

Si vous n'arrivez pas à tout assembler, laissez d'abord cuire le premier lot et ajoutez un peu plus d'épinards.

Cuire 3 ou 4 heures à feu moyen jusqu'à ce que le brocoli soit tendre.

Racler les côtés et servir.

Chou-fleur et oignon rôtis fumés

INGRÉDIENTS

1 ½ livre de chou-fleur, pelé et coupé en morceaux de 1 pouce

½ oignon rouge, tranché finement

tasse d'eau

½ cube de bouillon de légumes, émietté

1 cuillère à soupe. Huile d'olive vierge extra

½ cuillère à café de cumin

½ cuillère à café de piment en poudre

Poivre noir

½ livre d'épinards frais, hachés grossièrement

Mettre tous les ingrédients dans une mijoteuse sauf le dernier.

Garnir de poignées d'épinards et en remplir la mijoteuse.

Si vous n'arrivez pas à tout assembler, laissez d'abord cuire le premier lot et ajoutez un peu plus d'épinards.

Cuire 3 ou 4 heures à feu moyen jusqu'à ce que les pommes de terre soient tendres.

Racler les côtés et servir.

Betteraves italiennes rôties et chou frisé

INGRÉDIENTS

1 ½ livre de betteraves, pelées et coupées en morceaux de 1 pouce

½ oignon rouge, tranché finement

tasse d'eau

½ cube de bouillon de légumes, émietté

1 cuillère à soupe. Huile d'olive vierge extra

½ cuillère à café d'assaisonnement italien

Poivre noir

½ livre de chou frisé frais, haché grossièrement

Mettre tous les ingrédients dans une mijoteuse sauf le dernier.

Garnir de poignées de chou frisé et en remplir la mijoteuse.

Si vous ne pouvez pas tout assembler, laissez le premier lot cuire en premier et ajoutez un peu plus de chou frisé.

Cuire 3 ou 4 heures à feu moyen jusqu'à ce que la betterave soit tendre.

Racler les côtés et servir.

Cresson rôti et pommes de terre

INGRÉDIENTS

1 ½ livre de pommes de terre, pelées et coupées en morceaux de 1 pouce

½ oignon, tranché finement

tasse d'eau

½ cube de bouillon de légumes, émietté

1 cuillère à soupe. huile d'olive

½ cuillère à café de gingembre haché

2 brins de citronnelle

½ cuillère à café d'oignon vert, haché

½ cuillère à café de piment en poudre

Poivre noir

½ livre de cresson, haché grossièrement

Mettre tous les ingrédients dans une mijoteuse sauf le dernier.

Garnir de quelques poignées de cresson et en remplir la mijoteuse.

Si vous n'arrivez pas à tout assembler, laissez d'abord cuire le premier lot et ajoutez un peu plus de cresson.

Cuire 3 ou 4 heures à feu moyen jusqu'à ce que les pommes de terre soient tendres.

Racler les côtés et servir.

Épinards rôtis aux olives

INGRÉDIENTS

1 ½ livre de pommes de terre, pelées et coupées en morceaux de 1 pouce

½ olive verte, tranchée finement

tasse d'eau

½ cube de bouillon de légumes, émietté

1 cuillère à soupe. Huile d'olive vierge extra

½ cuillère à café de cumin

½ cuillère à café de piment en poudre

Poivre noir

½ livre d'épinards frais, hachés grossièrement

Mettre tous les ingrédients dans une mijoteuse sauf le dernier.

Garnir de poignées d'épinards et en remplir la mijoteuse.

Si vous n'arrivez pas à tout assembler, laissez d'abord cuire le premier lot et ajoutez un peu plus d'épinards.

Cuire 3 ou 4 heures à feu moyen jusqu'à ce que les pommes de terre soient tendres.

Racler les côtés et servir.

Épinards rôtis au piment jalapeno

INGRÉDIENTS

1½ livre de bouquets de brocoli

½ oignon, tranché finement

tasse d'eau

½ cube de bouillon de légumes, émietté

1 cuillère à soupe. Huile d'olive vierge extra

½ cuillère à café de cumin

8 piments jalapeno, hachés finement

1 piment ancho

½ cuillère à café de piment en poudre

Poivre noir

½ livre d'épinards frais, hachés grossièrement

Mettre tous les ingrédients dans une mijoteuse sauf le dernier.

Garnir de poignées d'épinards et en remplir la mijoteuse.

Si vous n'arrivez pas à tout assembler, laissez d'abord cuire le premier lot et ajoutez un peu plus d'épinards.

Cuire 3 ou 4 heures à feu moyen jusqu'à ce que le brocoli soit tendre.

Racler les côtés et servir.

Épinards au curry

INGRÉDIENTS

1 ½ livre de pommes de terre, pelées et coupées en morceaux de 1 pouce

½ oignon, tranché finement

tasse d'eau

½ cube de bouillon de légumes, émietté

1 cuillère à soupe. Huile d'olive vierge extra

½ cuillère à café de cumin

½ cuillère à café de coriandre moulue

½ cuillère à café de garam masala

½ cuillère à café de piment en poudre

Poivre noir

½ livre d'épinards frais, hachés grossièrement

Mettre tous les ingrédients dans une mijoteuse sauf le dernier.

Garnir de poignées d'épinards et en remplir la mijoteuse.

Si vous n'arrivez pas à tout assembler, laissez d'abord cuire le premier lot et ajoutez un peu plus d'épinards.

Cuire 3 ou 4 heures à feu moyen jusqu'à ce que les pommes de terre soient tendres.

Racler les côtés et servir.

Germes de haricots thaï épicés cuits au four

INGRÉDIENTS

1 ½ livre de bouquets de chou-fleur, blanchis (trempés dans de l'eau bouillante, puis trempés dans de l'eau glacée)

½ tasse de germes de soja, rincés

½ tasse d'eau

½ cube de bouillon de légumes, émietté

1 cuillère à soupe. huile de sésame

½ cuillère à café de pâte de piment thaï

½ cuillère à café de sauce piquante Sriracha

½ cuillère à café de piment en poudre

2 piments oiseau thaïlandais, hachés

Poivre noir

½ livre d'épinards frais, hachés grossièrement

Mettre tous les ingrédients dans une mijoteuse sauf le dernier.

Garnir de poignées d'épinards et en remplir la mijoteuse.

Si vous n'arrivez pas à tout assembler, laissez d'abord cuire le premier lot et ajoutez un peu plus d'épinards.

Cuire 3 ou 4 heures à feu moyen jusqu'à ce que les pommes de terre soient tendres.

Racler les côtés et servir.

Épinards et navets épicés du Sichuan

INGRÉDIENTS

1 ½ livre de navets, pelés et coupés en morceaux de 1 pouce

½ oignon, tranché finement

tasse d'eau

½ cube de bouillon de légumes, émietté

1 cuillère à soupe. huile de sésame

½ cuillère à café de pâte d'ail chili

½ cuillère à café de poivre de Sichuan

1 anis étoilé

2 piments oiseau thaïlandais, hachés

Poivre noir

½ livre d'épinards frais, hachés grossièrement

Mettre tous les ingrédients dans une mijoteuse sauf le dernier.

Garnir de poignées d'épinards et en remplir la mijoteuse.

Si vous n'arrivez pas à tout assembler, laissez d'abord cuire le premier lot et ajoutez un peu plus d'épinards.

Cuire 3 ou 4 heures à feu moyen jusqu'à ce que les navets soient tendres.

Racler les côtés et servir.

Carottes et oignons au cresson thaï

INGRÉDIENTS

1 ½ livre de carottes, pelées et coupées en morceaux de 1 pouce

½ oignon, tranché finement

tasse d'eau

½ cube de bouillon de légumes, émietté

1 cuillère à soupe. Huile d'olive vierge extra

1 cuillère à soupe. huile de sésame

½ cuillère à café de pâte de piment thaï

½ cuillère à café de sauce piquante Sriracha

½ cuillère à café de piment en poudre

2 piments oiseau thaïlandais, hachés

Poivre noir

½ livre de cresson, haché grossièrement

Mettre tous les ingrédients dans une mijoteuse sauf le dernier.

Garnir de quelques poignées de cresson et en remplir la mijoteuse.

Si vous n'arrivez pas à tout assembler, laissez d'abord cuire le premier lot et ajoutez un peu plus de cresson.

Cuire 3 ou 4 heures à feu moyen jusqu'à ce que les carottes soient tendres.

Racler les côtés et servir.

igname rôtie et patates douces

INGRÉDIENTS

½ livre d'igname violette, pelée et coupée en morceaux de 1 pouce

1 livre de patates douces, pelées et coupées en morceaux de 1 pouce

½ oignon, tranché finement

tasse d'eau

½ cube de bouillon de légumes, émietté

1 cuillère à soupe. Huile d'olive vierge extra

Poivre noir

½ livre d'épinards frais, hachés grossièrement

Mettre tous les ingrédients dans une mijoteuse sauf le dernier.

Garnir de poignées d'épinards et en remplir la mijoteuse.

Si vous n'arrivez pas à tout assembler, laissez d'abord cuire le premier lot et ajoutez un peu plus d'épinards.

Cuire 3 ou 4 heures à feu moyen jusqu'à ce que les pommes de terre soient tendres.

Racler les côtés et servir.

Igname blanche et pommes de terre au four

INGRÉDIENTS

½ livre de pommes de terre, pelées et coupées en morceaux de 1 pouce

½ livre d'igname blanche, pelée et coupée en morceaux de 1 pouce

½ livre de carottes, pelées et coupées en morceaux de 1 pouce

½ oignon rouge, tranché finement

tasse d'eau

½ cube de bouillon de légumes, émietté

1 cuillère à soupe. Huile d'olive vierge extra

½ cuillère à café de cumin

½ cuillère à café de coriandre moulue

½ cuillère à café de garam masala

½ cuillère à café de poivre de Cayenne

Poivre noir

½ livre d'épinards frais, hachés grossièrement

Mettre tous les ingrédients dans une mijoteuse sauf le dernier.

Garnir de poignées d'épinards et en remplir la mijoteuse.

Si vous n'arrivez pas à tout assembler, laissez d'abord cuire le premier lot et ajoutez un peu plus d'épinards.

Cuire 3 ou 4 heures à feu moyen jusqu'à ce que les pommes de terre soient tendres.

Racler les côtés et servir.

Panais et navets hongrois

INGRÉDIENTS

½ livre de navets, pelés et coupés en morceaux de 1 pouce

½ livre de carottes, pelées et coupées en morceaux de 1 pouce

½ livre de panais, pelés et coupés en morceaux de 1 pouce

½ oignon rouge, tranché finement

tasse d'eau

½ cube de bouillon de légumes, émietté

1 cuillère à soupe. Huile d'olive vierge extra

½ cuillère à café de poudre de paprika

½ cuillère à café poudre de chili

Poivre noir

½ livre d'épinards frais, hachés grossièrement

Mettre tous les ingrédients dans une mijoteuse sauf le dernier.

Garnir de poignées d'épinards et en remplir la mijoteuse.

Si vous n'arrivez pas à tout assembler, laissez d'abord cuire le premier lot et ajoutez un peu plus d'épinards.

Cuire 3 ou 4 heures à feu moyen jusqu'à ce que les navets soient tendres.

Racler les côtés et servir.

Épinards au four simples

INGRÉDIENTS

1 ½ livre de brocoli, pelé et coupé en morceaux de 1 pouce

½ oignon rouge, tranché finement

tasse de bouillon de légumes

1 cuillère à soupe. Huile d'olive vierge extra

½ cuillère à café d'assaisonnement italien

½ cuillère à café de piment en poudre

Poivre noir

½ livre d'épinards frais, hachés grossièrement

Mettre tous les ingrédients dans une mijoteuse sauf le dernier.

Garnir de poignées d'épinards et en remplir la mijoteuse.

Si vous n'arrivez pas à tout assembler, laissez d'abord cuire le premier lot et ajoutez un peu plus d'épinards.

Cuire 3 ou 4 heures à feu moyen jusqu'à ce que le brocoli soit tendre.

Racler les côtés et servir.

Épinards et carottes au four d'Asie du Sud-Est

INGRÉDIENTS

½ livre de navets, pelés et coupés en morceaux de 1 pouce

½ livre de carottes, pelées et coupées en morceaux de 1 pouce

½ livre de panais, pelés et coupés en morceaux de 1 pouce

½ oignon rouge, tranché finement

½ tasse de bouillon de légumes

1 cuillère à soupe. Huile d'olive vierge extra

½ cuillère à café de gingembre haché

2 tiges de citronnelle

8 gousses d'ail, hachées

Poivre noir

½ livre d'épinards frais, hachés grossièrement

Mettre tous les ingrédients dans une mijoteuse sauf le dernier.

Garnir de poignées d'épinards et en remplir la mijoteuse.

Si vous n'arrivez pas à tout assembler, laissez d'abord cuire le premier lot et ajoutez un peu plus d'épinards.

Cuire 3 ou 4 heures à feu moyen jusqu'à ce que les navets soient tendres.

Racler les côtés et servir.

Kale rôti et choux de Bruxelles

INGRÉDIENTS

1 ½ livre de choux de Bruxelles, pelés et coupés en morceaux de 1 pouce

½ oignon rouge, tranché finement

tasse d'eau

½ cube de bouillon de légumes, émietté

1 cuillère à soupe. Huile d'olive vierge extra

½ cuillère à café de piment en poudre

Poivre noir

½ livre de chou frisé, haché grossièrement

Mettre tous les ingrédients dans une mijoteuse sauf le dernier.

Garnir de poignées de chou frisé et en remplir la mijoteuse.

Si vous ne pouvez pas tout assembler, laissez le premier lot cuire en premier et ajoutez un peu plus de chou frisé.

Cuire 3 heures à feu moyen jusqu'à ce que les choux de Bruxelles soient tendres.

Racler les côtés et servir.

Épinards et pommes de terre au curry

INGRÉDIENTS

1 ½ livre de pommes de terre, pelées et coupées en morceaux de 1 pouce

½ oignon, tranché finement

tasse d'eau

½ cube de bouillon de légumes, émietté

1 cuillère à soupe. Huile d'olive vierge extra

½ cuillère à café de cumin

½ cuillère à café de coriandre moulue

½ cuillère à café de garam masala

½ cuillère à café de piment en poudre

Poivre noir

½ livre d'épinards frais, hachés grossièrement

Mettre tous les ingrédients dans une mijoteuse sauf le dernier.

Garnir de poignées d'épinards et en remplir la mijoteuse.

Si vous n'arrivez pas à tout assembler, laissez d'abord cuire le premier lot et ajoutez un peu plus d'épinards.

Cuire 3 ou 4 heures à feu moyen jusqu'à ce que les pommes de terre soient tendres.

Racler les côtés et servir.

Curry de patates douces et chou frisé

INGRÉDIENTS

1 ½ livre de patates douces, pelées et coupées en morceaux de 1 pouce

½ oignon, tranché finement

tasse d'eau

½ cube de bouillon de légumes, émietté

1 cuillère à soupe. Huile d'olive vierge extra

½ cuillère à café de cumin

½ cuillère à café de coriandre moulue

½ cuillère à café de garam masala

½ cuillère à café de piment en poudre

Poivre noir

½ livre de chou frisé, haché grossièrement

Mettre tous les ingrédients dans une mijoteuse sauf le dernier.

Garnir de poignées de chou frisé et en remplir la mijoteuse.

Si vous ne pouvez pas tout assembler, laissez le premier lot cuire en premier et ajoutez un peu plus de chou frisé.

Cuire 3 ou 4 heures à feu moyen jusqu'à ce que les patates douces soient tendres.

Racler les côtés et servir.

Jalapeno de cresson et panais

INGRÉDIENTS

1 ½ livre de panais, pelés et coupés en morceaux de 1 pouce

½ oignon rouge, tranché finement

tasse d'eau

½ cube de bouillon de légumes, émietté

1 cuillère à soupe. Huile d'olive vierge extra

½ cuillère à café de cumin

½ cuillère à café de piment jalapeño, haché

1 piment ancho, haché

Poivre noir

½ livre de cresson, haché grossièrement

Mettre tous les ingrédients dans une mijoteuse sauf le dernier.

Garnir de poignées d'épinards et en remplir la mijoteuse.

Si vous n'arrivez pas à tout assembler, laissez d'abord cuire le premier lot et ajoutez un peu plus d'épinards.

Cuire 3 ou 4 heures à feu moyen jusqu'à ce que les panais soient tendres.

Racler les côtés et servir.

Cresson et brocoli à la sauce chili à l'ail

INGRÉDIENTS

1 ½ livre de carottes, pelées et coupées en morceaux de 1 pouce

½ livre de brocoli, pelé et coupé en morceaux de 1 pouce

½ oignon, tranché finement

tasse d'eau

½ cube de bouillon de légumes, émietté

1 cuillère à soupe. huile de sésame

½ cuillère à café de sauce chili à l'ail

½ cuillère à café Jus de citron vert

½ cuillère à café oignons verts hachés

Poivre noir

½ livre de cresson, haché grossièrement

Mettre tous les ingrédients dans une mijoteuse sauf le dernier.

Garnir de quelques poignées de cresson et en remplir la mijoteuse.

Si vous n'arrivez pas à tout assembler, laissez d'abord cuire le premier lot et ajoutez un peu plus de cresson.

Cuire 3 ou 4 heures à feu moyen jusqu'à ce que les carottes soient tendres.

Racler les côtés et servir.

Bok Choy épicé et brocoli

INGRÉDIENTS

1 livre de brocoli, pelé et coupé en morceaux de 1 pouce

½ livre de champignons de Paris, tranchés

½ oignon, tranché finement

tasse d'eau

½ cube de bouillon de légumes, émietté

1 cuillère à soupe. huile de sésame

½ cuillère à café de cinq épices chinoises en poudre

½ cuillère à café de poivre de Sichuan

½ cuillère à café de piment en poudre

Poivre noir

½ livre de bok choy, haché grossièrement

Mettre tous les ingrédients dans une mijoteuse sauf le dernier.

Garnir de poignées de bok choy et en remplir la mijoteuse.

Si vous ne pouvez pas tout mettre, laissez le premier lot cuire en premier et ajoutez un peu plus de bok choy.

Cuire 3 ou 4 heures à feu moyen jusqu'à ce que le brocoli soit tendre.

Racler les côtés et servir.

Épinards et champignons shiitake

INGRÉDIENTS

1 ½ livre de chou-fleur, pelé et coupé en morceaux de 1 pouce

½ livre de champignons shiitake, tranchés

½ oignon rouge, tranché finement

tasse de bouillon de légumes

2 cuillères à soupe. huile de graines de sésame

½ cuillère à café de vinaigre

½ cuillère à café d'ail, haché

Poivre noir

½ livre d'épinards frais, hachés grossièrement

Mettre tous les ingrédients dans une mijoteuse sauf le dernier.

Garnir de poignées d'épinards et en remplir la mijoteuse.

Si vous n'arrivez pas à tout assembler, laissez d'abord cuire le premier lot et ajoutez un peu plus d'épinards.

Cuire 3 ou 4 heures à feu moyen jusqu'à ce que le chou-fleur soit tendre.

Racler les côtés et servir.

Épinards et pommes de terre au pesto

INGRÉDIENTS

1 ½ livre de pommes de terre, pelées et coupées en morceaux de 1 pouce

½ oignon, tranché finement

tasse de bouillon de légumes

1 cuillère à soupe. Huile d'olive vierge extra

2 cuillères à soupe. sauce pesto

Poivre noir

½ livre d'épinards frais, hachés grossièrement

Mettre tous les ingrédients dans une mijoteuse sauf le dernier.

Garnir de poignées d'épinards et en remplir la mijoteuse.

Si vous n'arrivez pas à tout assembler, laissez d'abord cuire le premier lot et ajoutez un peu plus d'épinards.

Cuire 3 ou 4 heures à feu moyen jusqu'à ce que les pommes de terre soient tendres.

Racler les côtés et servir.

Curry de patates douces et chou frisé

INGRÉDIENTS

1 ½ livre de patates douces, pelées et coupées en morceaux de 1 pouce

½ oignon, tranché finement

tasse de bouillon de légumes

1 cuillère à soupe. Huile d'olive vierge extra

2 cuillères à soupe. curry rouge en poudre

Poivre noir

½ livre de chou frisé frais, haché grossièrement

Mettre tous les ingrédients dans une mijoteuse sauf le dernier.

Garnir de poignées de chou frisé et en remplir la mijoteuse.

Si vous ne pouvez pas tout mettre, laissez le premier lot cuire en premier et ajoutez un peu plus de chou vert.

Cuire 3 ou 4 heures à feu moyen jusqu'à ce que les patates douces soient tendres.

Racler les côtés et servir.

navets et navets sauce pesto

INGRÉDIENTS

1 ½ livre de navets, pelés et coupés en morceaux de 1 pouce

½ oignon, tranché finement

tasse de bouillon de légumes

1 cuillère à soupe. Huile d'olive vierge extra

2 cuillères à soupe. sauce pesto

Poivre noir

½ livre de navets frais, hachés grossièrement

Mettre tous les ingrédients dans une mijoteuse sauf le dernier.

Garnir de quelques poignées de navets et en remplir la mijoteuse.

Si vous ne pouvez pas tout mettre ensemble, laissez le premier lot cuire en premier et ajoutez quelques navets supplémentaires.

Cuire 3 ou 4 heures à feu moyen jusqu'à ce que les navets soient tendres.

Racler les côtés et servir.

Blettes et carottes au pesto

INGRÉDIENTS

1 ½ livre de carottes, pelées et coupées en morceaux de 1 pouce

½ oignon rouge, tranché finement

tasse de bouillon de légumes

2 cuillères à soupe. Huile d'olive vierge extra

3 c. sauce pesto

Poivre noir

½ livre de bette à carde fraîche, hachée grossièrement

Mettre tous les ingrédients dans une mijoteuse sauf le dernier.

Garnir de poignées de blettes et en remplir la mijoteuse.

Si vous ne pouvez pas tout assembler en une seule fois, faites d'abord cuire le premier lot et ajoutez un peu plus de blettes.

Cuire 3 ou 4 heures à feu moyen jusqu'à ce que les carottes soient tendres.

Racler les côtés et servir.

Bok Choy et carottes dans une sauce chili à l'ail

INGRÉDIENTS

1 ½ livre de carottes, pelées et coupées en morceaux de 1 pouce

½ oignon, tranché finement

tasse de bouillon de légumes

1 cuillère à soupe. huile de sésame

4 gousses d'ail, hachées

2 cuillères à soupe. sauce chili à l'ail

Poivre noir

½ livre de Bok Choy frais, haché grossièrement

Mettre tous les ingrédients dans une mijoteuse sauf le dernier.

Garnir de poignées de Bok Choy et en remplir la mijoteuse.

Si vous n'arrivez pas à tout assembler, laissez le premier lot cuire en premier et ajoutez un peu plus de Bok Choy.

Cuire 3 ou 4 heures à feu moyen jusqu'à ce que les carottes soient tendres.

Racler les côtés et servir.

Navets et panais cuits lentement

INGRÉDIENTS

1 ½ livre de panais, pelés et coupés en morceaux de 1 pouce

½ oignon, tranché finement

tasse de bouillon de légumes

1 cuillère à soupe. Huile d'olive vierge extra

Poivre noir

½ livre de navets frais, hachés grossièrement

Mettre tous les ingrédients dans une mijoteuse sauf le dernier.

Garnir de poignées d'épinards et en remplir la mijoteuse.

Si vous n'arrivez pas à tout assembler, laissez d'abord cuire le premier lot et ajoutez un peu plus d'épinards.

Cuire 3 ou 4 heures à feu moyen jusqu'à ce que les pommes de terre soient tendres.

Racler les côtés et servir.

Chou frisé et brocoli cuits lentement

INGRÉDIENTS

1½ livre de bouquets de brocoli

½ oignon, tranché finement

tasse de bouillon de légumes

1 cuillère à soupe. Huile d'olive vierge extra

2 cuillères à soupe. sauce pesto

Poivre noir

½ livre de chou frisé frais, haché grossièrement

Mettre tous les ingrédients dans une mijoteuse sauf le dernier.

Garnir de poignées de chou frisé et en remplir la mijoteuse.

Si vous ne pouvez pas tout assembler, laissez le premier lot cuire en premier et ajoutez un peu plus de chou frisé.

Cuire 3 ou 4 heures à feu moyen jusqu'à ce que les bouquets de brocoli soient tendres.

Racler les côtés et servir.

Endives et carottes mijotées au pesto

INGRÉDIENTS

1 ½ livre de carottes, pelées et coupées en morceaux de 1 pouce

½ oignon, tranché finement

tasse de bouillon de légumes

1 cuillère à soupe. Huile d'olive vierge extra

2 cuillères à soupe. sauce pesto

Poivre noir

½ livre d'endives fraîches, hachées grossièrement

Mettre tous les ingrédients dans une mijoteuse sauf le dernier.

Garnir de quelques poignées d'endives et en remplir la mijoteuse.

Si vous ne pouvez pas tout ramasser, laissez d'abord cuire la première fournée et ajoutez un peu plus d'endive.

Cuire 3 ou 4 heures à feu moyen jusqu'à ce que les carottes soient tendres.

Racler les côtés et servir.

Laitue romaine mijotée et choux de Bruxelles

INGRÉDIENTS

1½ livre de choux de Bruxelles

½ oignon, tranché finement

tasse de bouillon de légumes

1 cuillère à soupe. Huile d'olive vierge extra

Poivre noir

½ livre de laitue romaine fraîche, hachée grossièrement

Mettre tous les ingrédients dans une mijoteuse sauf le dernier.

Garnir de quelques poignées de laitue et en remplir la mijoteuse.

Si vous ne pouvez pas tout mettre, laissez le premier lot cuire en premier et ajoutez un peu plus de laitue romaine.

Cuire 3 heures à feu moyen jusqu'à ce que les choux de Bruxelles soient tendres.

Racler les côtés et servir.

Endives et pommes de terre bouillies

INGRÉDIENTS

1 ½ livre de pommes de terre, pelées et coupées en morceaux de 1 pouce

½ oignon, tranché finement

tasse de bouillon de légumes

1 cuillère à soupe. Huile d'olive vierge extra

1 C. assaisonnement italien

Poivre noir

½ livre d'endives fraîches, hachées grossièrement

Mettre tous les ingrédients dans une mijoteuse sauf le dernier.

Garnir de poignées d'épinards et en remplir la mijoteuse.

Si vous n'arrivez pas à tout assembler, laissez d'abord cuire le premier lot et ajoutez un peu plus d'épinards.

Cuire 3 ou 4 heures à feu moyen jusqu'à ce que les pommes de terre soient tendres.

Racler les côtés et servir.

navets et navets mijotés au beurre végétalien

INGRÉDIENTS

1 ½ livre de navets, pelés et coupés en morceaux de 1 pouce

½ oignon, tranché finement

tasse de bouillon de légumes

4 c. beurre ou margarine végétalien

2 cuillères à soupe. Jus de citron vert

3 gousses d'ail, hachées

Poivre noir

½ livre de navets frais, hachés grossièrement

Mettre tous les ingrédients dans une mijoteuse sauf le dernier.

Garnir de quelques poignées de navets et en remplir la mijoteuse.

Si vous ne pouvez pas tout mettre ensemble, laissez le premier lot cuire en premier et ajoutez quelques navets supplémentaires.

Cuire 3 ou 4 heures à feu moyen jusqu'à ce que les navets soient tendres.

Racler les côtés et servir.

Chou frisé et panais cuits lentement dans du beurre végétalien

INGRÉDIENTS

1 ½ livre de panais, pelés et coupés en morceaux de 1 pouce

½ oignon, tranché finement

tasse de bouillon de légumes

4 c. beurre végétalien fondu

2 cuillères à soupe. jus de citron

Poivre noir

½ livre de chou frisé frais, haché grossièrement

Mettre tous les ingrédients dans une mijoteuse sauf le dernier.

Garnir de poignées de chou frisé et en remplir la mijoteuse.

Si vous ne pouvez pas tout assembler, laissez le premier lot cuire en premier et ajoutez un peu plus de chou frisé.

Cuire 3 ou 4 heures à feu moyen jusqu'à ce que les panais soient tendres.

Racler les côtés et servir.

épinards et carottes à la chinoise

INGRÉDIENTS

1 ½ livre de carottes, pelées et coupées en morceaux de 1 pouce

½ oignon, tranché finement

tasse de bouillon de légumes

1 cuillère à soupe. huile de sésame

2 cuillères à soupe. sauce hoisin

Poivre noir

½ livre d'épinards frais, hachés grossièrement

Mettre tous les ingrédients dans une mijoteuse sauf le dernier.

Garnir de poignées d'épinards et en remplir la mijoteuse.

Si vous n'arrivez pas à tout assembler, laissez d'abord cuire le premier lot et ajoutez un peu plus d'épinards.

Cuire 3 ou 4 heures à feu moyen jusqu'à ce que les carottes soient tendres.

Racler les côtés et servir.

Bok Choy et carottes bouillies

INGRÉDIENTS

1 ½ livre de carottes, pelées et coupées en morceaux de 1 pouce

½ oignon, tranché finement

tasse de bouillon de légumes

1 cuillère à soupe. huile de sésame

1 cuillère à soupe. l'huile de colza

2 cuillères à soupe. sauce hoisin

Poivre noir

½ livre de Bok Choy frais, haché grossièrement

Mettre tous les ingrédients dans une mijoteuse sauf le dernier.

Garnir de poignées de bok choy et en remplir la mijoteuse.

Si vous ne pouvez pas tout mettre, laissez le premier lot cuire en premier et ajoutez un peu plus de bok choy.

Cuire 3 ou 4 heures à feu moyen jusqu'à ce que les carottes soient tendres.

Racler les côtés et servir.

Micro-légumes et pommes de terre cuits lentement

INGRÉDIENTS

1 ½ livre de pommes de terre, pelées et coupées en morceaux de 1 pouce

½ oignon, tranché finement

tasse de bouillon de légumes

2 cuillères à soupe. Huile d'olive vierge extra

1 C. graines de rocou

1 cc de cumin

1 C. Jus de citron vert

Poivre noir

½ livre de légumes frais, hachés grossièrement

Mettre tous les ingrédients dans une mijoteuse sauf le dernier.

Garnir de poignées de micropousses et en remplir la mijoteuse.

Si vous ne pouvez pas tout mettre, laissez le premier lot cuire en premier et ajoutez quelques micro-pousses supplémentaires.

Cuire 3 ou 4 heures à feu moyen jusqu'à ce que les pommes de terre soient tendres.

Racler les côtés et servir.

Feuilles de chou frisé et pommes de terre cuites lentement

INGRÉDIENTS

1 ½ livre de patates douces, pelées et coupées en morceaux de 1 pouce

½ oignon, tranché finement

tasse de bouillon de légumes

1 cuillère à soupe. Huile d'olive vierge extra

2 cuillères à soupe. sauce pesto

Poivre noir

½ livre de chou frisé frais, haché grossièrement

Mettre tous les ingrédients dans une mijoteuse sauf le dernier.

Garnir de poignées de chou frisé et en remplir la mijoteuse.

Si vous ne pouvez pas tout mettre, laissez le premier lot cuire en premier et ajoutez un peu plus de chou vert.

Cuire 3 ou 4 heures à feu moyen jusqu'à ce que les patates douces soient tendres.

Racler les côtés et servir.

Chou violet et pommes de terre cuits lentement

INGRÉDIENTS

1 ½ livre de pommes de terre, pelées et coupées en morceaux de 1 pouce

½ oignon, tranché finement

tasse de bouillon de légumes

1 cuillère à soupe. Huile d'olive vierge extra

Poivre noir

½ livre de chou violet frais, haché grossièrement

Mettre tous les ingrédients dans une mijoteuse sauf le dernier.

Garnir de quelques poignées de chou violet et en remplir la mijoteuse.

Si vous ne pouvez pas tout mettre d'un coup, faites d'abord cuire le premier lot et ajoutez un peu plus de chou violet.

Cuire 3 ou 4 heures à feu moyen jusqu'à ce que les pommes de terre soient tendres.

Racler les côtés et servir.

Chou et carottes mijotés

INGRÉDIENTS

1 ½ livre de carottes, pelées et coupées en morceaux de 1 pouce

½ oignon, tranché finement

tasse de bouillon de légumes

1 cuillère à soupe. Huile d'olive vierge extra

Poivre noir

½ livre de chou frais, haché grossièrement

Mettre tous les ingrédients dans une mijoteuse sauf le dernier.

Garnir de quelques poignées de chou et en remplir la mijoteuse.

Si vous ne pouvez pas tout mettre, laissez le premier lot cuire en premier et ajoutez un peu plus de chou.

Cuire 3 ou 4 heures à feu moyen jusqu'à ce que les carottes soient tendres.

Racler les côtés et servir.

Endives mijotées au pesto

INGRÉDIENTS

1 ½ livre de pommes de terre, pelées et coupées en morceaux de 1 pouce

½ oignon, tranché finement

tasse de bouillon de légumes

1 cuillère à soupe. Huile d'olive vierge extra

2 cuillères à soupe. sauce pesto

Poivre noir

½ livre d'endives fraîches, hachées grossièrement

Mettre tous les ingrédients dans une mijoteuse sauf le dernier.

Garnir de quelques poignées d'endives et en remplir la mijoteuse.

Si vous ne pouvez pas tout ramasser, laissez d'abord cuire la première fournée et ajoutez un peu plus d'endive.

Cuire 3 ou 4 heures à feu moyen jusqu'à ce que les pommes de terre soient tendres.

Racler les côtés et servir.

Navets mijotés sauce pesto

INGRÉDIENTS

1 ½ livre de pommes de terre, pelées et coupées en morceaux de 1 pouce

½ oignon, tranché finement

tasse de bouillon de légumes

1 cuillère à soupe. Huile d'olive vierge extra

2 cuillères à soupe. sauce pesto

Poivre noir

½ livre de navets frais, hachés grossièrement

Mettre tous les ingrédients dans une mijoteuse sauf le dernier.

Garnir de quelques poignées de navets et en remplir la mijoteuse.

Si vous ne pouvez pas tout mettre ensemble, laissez le premier lot cuire en premier et ajoutez quelques navets supplémentaires.

Cuire 3 ou 4 heures à feu moyen jusqu'à ce que les pommes de terre soient tendres.

Racler les côtés et servir.

Bok Choy mijoté dans une sauce aux haricots jaunes

INGRÉDIENTS

1 ½ livre de navets, pelés et coupés en morceaux de 1 pouce

½ oignon, tranché finement

tasse de bouillon de légumes

1 cuillère à soupe. huile de graines de sésame

2 cuillères à soupe. oignon vert haché, haché

4 c. ail, finement haché

2 cuillères à soupe. Sauce chinoise aux haricots jaunes

Poivre noir

½ livre de bok choy frais, haché grossièrement

Mettre tous les ingrédients dans une mijoteuse sauf le dernier.

Garnir de poignées de bok choy et en remplir la mijoteuse.

Si vous ne pouvez pas tout mettre, laissez le premier lot cuire en premier et ajoutez un peu plus de bok choy.

Cuire 3 ou 4 heures à feu moyen jusqu'à ce que les navets soient tendres.

Racler les côtés et servir.

navets et pommes de terre cuits lentement dans une sauce au pesto

INGRÉDIENTS

1 ½ livre de pommes de terre, pelées et coupées en morceaux de 1 pouce

½ oignon, tranché finement

tasse de bouillon de légumes

1 cuillère à soupe. Huile d'olive vierge extra

2 cuillères à soupe. sauce pesto

Poivre noir

½ livre de navets frais, hachés grossièrement

Mettre tous les ingrédients dans une mijoteuse sauf le dernier.

Garnir de quelques poignées de navets et en remplir la mijoteuse.

Si vous ne pouvez pas tout mettre ensemble, laissez le premier lot cuire en premier et ajoutez quelques navets supplémentaires.

Cuire 3 ou 4 heures à feu moyen jusqu'à ce que les pommes de terre soient tendres.

Racler les côtés et servir.

Girolles mijotées

INGRÉDIENTS

1½ livre de girolles

½ oignon, tranché finement

tasse de bouillon de légumes

1 cuillère à soupe. Huile d'olive vierge extra

Poivre arc-en-ciel

½ livre d'épinards frais, hachés grossièrement

Mettre tous les ingrédients dans une mijoteuse sauf le dernier.

Garnir de poignées d'épinards et en remplir la mijoteuse.

Si vous n'arrivez pas à tout assembler, laissez d'abord cuire le premier lot et ajoutez un peu plus d'épinards.

Cuire 3 ou 4 heures à feu moyen jusqu'à ce que les champignons soient tendres.

Racler les côtés et servir.

pleurotes cuits lentement et chou frisé

INGRÉDIENTS

1½ livres de pleurotes

½ oignon, tranché finement

tasse de bouillon de légumes

2 cuillères à soupe. beurre ou margarine végétalien

1 C. Herbes de Provence

Poivre noir

½ livre de chou frisé frais, haché grossièrement

Mettre tous les ingrédients dans une mijoteuse sauf le dernier.

Garnir de poignées de chou frisé et en remplir la mijoteuse.

Si vous ne pouvez pas tout assembler, laissez le premier lot cuire en premier et ajoutez un peu plus de chou frisé.

Cuire 3 ou 4 heures à feu moyen jusqu'à ce que les champignons soient tendres.

Racler les côtés et servir.

Cèpes et navets mijotés

INGRÉDIENTS

1 ½ livre de cèpes

½ oignon, tranché finement

tasse de bouillon de légumes

1 cuillère à soupe. l'huile de colza

2 cuillères à soupe. ail haché

Poivre noir

½ livre de navets frais, hachés grossièrement

Mettre tous les ingrédients dans une mijoteuse sauf le dernier.

Garnir de quelques poignées de navets et en remplir la mijoteuse.

Si vous ne pouvez pas tout mettre ensemble, laissez le premier lot cuire en premier et ajoutez quelques navets supplémentaires.

Cuire 3 ou 4 heures à feu moyen jusqu'à ce que les champignons soient tendres.

Racler les côtés et servir.

Soupe de panais français

2 cuillères à soupe d'huile d'olive extra vierge

1 petit oignon rouge, haché

1 gros panais, pelé et tranché finement

1 côte de céleri, tranchée finement

1/2 cuillère à café d'estragon séché

2 tasses de bouillon de légumes

1/4 tasse de vinaigre de vin

Chauffer l'huile à feu moyen-vif.

Faire revenir les oignons rouges jusqu'à ce qu'ils soient tendres pendant environ 5 minutes.

Ajouter lentement les panais, le céleri et l'estragon

Cuire encore 5 minutes ou jusqu'à ce que les carottes soient tendres.

Ajouter le bouillon de légumes et le vinaigre

Porter à ébullition et mijoter.

Cuire 15 minutes de plus.

www.ingramcontent.com/pod-product-compliance
Lightning Source LLC
Chambersburg PA
CBHW071426080526
44587CB00014B/1758